受用一生的自主学习规划指南

学习的经营法

Peter Hollins

[英]彼得·霍林斯 著

独孤轻云 译

The Self-Learning Blueprint

A Strategic Plan to Break Down Complex Topics,
Comprehend Deeply,
and Teach Yourself Anything

九 州 出 版 社
JIUZHOUPRESS

序

　　自学是现代人必备的技能之一。每一个成年人，从走出校门开始，就进入了 100% 自学阶段。这个过程是"大浪淘沙"的过程，40 岁之前如果不能掌握自学的技能，不能自我成长，就很难在事业上取得成功。

　　但自学的作用远远不止于此，除了帮助你成长，它至少还有两个重大的作用：极大地降低教育成本，极大地增强我们在知识领域的攻击力。

　　那么我们先来说说第一点：自学能够极大地降低教育成本。

　　我曾经问过家长这样一个问题：家长都说教育贵，但是贵的真的是"教育"本身吗？

一本书售价 50 元左右，如果孩子真的都看进去了，1000 本书不过 5 万元钱，还不够家长在培训机构充值一个大课包。

视频课程更便宜，B 站、可汗学院上的很多课程甚至是免费的。专为学龄儿童打造的一些付费互联网轻课，3 年的价格是 1000 多元，平均一天一块钱。只要孩子自己能上下来，你就不需要网校那些辅导老师。这一天一块钱的课，内容跟机构的线下课程一模一样。

更别提完全不要钱的云平台了。说白了，家长付给培训班的钱，10% 是付给了教育，90% 是付给了孩子的"不自觉"，也就是不能自学。

因为你孩子学习需要有人不停地监督，你才花那么多钱。不是因为他爱学知识花那么多钱，而恰恰是因为他不爱学知识，才花那么多钱。

真花在买知识上的钱，其实没多少。有些家庭，大课包充值了几十万元，家庭藏书不足 100 本。这本质是给孩子的不自觉花钱了。

成年人也是如此，很多人报非常贵的英语班、编程班，但实际上这些课程的学习资料有很多都是免费或低价的。这些教育成本，其实也是 10% 付给了教育，90% 付给了不会自学。

因此，学会自学就能节省 90% 的教育成本。

第二，自学和思考能力是攻击性的。

很多人都曾经问过我，如何思考才能解决问题，或者要报什么班，提高什么能力。

在我看来，这些都是"防守机制"。这样的人，有问题才思考，没问题就不思考，看见有辅导班就报，没有就不报，永远疲于应付。

我觉得人应该把思考当乐趣。即便今天出去玩，没有什么需要解决的问题，我也可以在脑袋里自问自答。

比如我喜欢逛商场。我逛商场的乐趣不在于买东西，而在于观察每一个门店：

这个品牌是如何树立的？它们的策略是什么？它们设计的产品定位在哪个收入阶层？定价与定位相符吗？体验如何？产品如何？门店人流如何？能收支平衡吗？门店货品摆放科学吗？设计的颜色与品牌定位准确吗？产品新潮吗？有权威感吗？友善吗？选品对吗？我第一眼看见的是那个"入门产品"吗？它们是自营还是通过渠道售卖？产品适合现在的中国市场吗？未来五年它会做大还是死亡？

我喜欢这样的游戏。我并不能想出所有的答案，但是我喜欢一边逛街一边思考自己还能问什么问题。我逛职业展会、看文献，或者是参加年会，都有类似的习惯，这大概是学术圈给我留下的最大财富了。

这样攻击性、游戏性地提问题，比防守性地解决问题好多了。同样，这样攻击性地在大脑里思考问题，也可以为后续自学提供范例。

　　这个过程就是"我自己引导了我的自学，由我来想我要学什么"。自学和主动思考就是你在精神领域"主动出击"的利器。

　　仔细思考上面两点，我们就能发现自学的好处：它能够极大地降低教育成本，也能够帮助你在自我提升的道路上主动出击，而不是被动等待。

　　既然自学的好处这么大，为什么那么多人无法自学呢？问题出在哪里？为什么我们自学之后，效果不大？

　　这本《学习的经营法：受用一生的自主学习规划指南》就为你剖析这个问题，并帮助你建立起自学的基石。希望所有人都能从这里面找到更好的自学方法，坚持贯彻下去，成为一个主动吸收知识和先进方法的人。

屠龙的胭脂井

2022 年 5 月

目　录

学习的经营法

The Self-Learning Blueprint

第一章　自主学习计划

想象你正在开公司。你找到了一款很棒的产品，并相信市场会疯狂追捧这款产品。你的所有朋友都在说，他们一定会购买你的产品。更妙的是，谷歌搜索显示，没有人产生过销售这款产品的想法。你将一夜暴富。你开始在网上搜索私人游艇信息。你的朋友说你不够成熟，但你并不知道他们在说什么，因此你把他们的话当成了耳旁风。

你兴奋地建立网站，根据预期需求囤入大量产品，进行发货准备。你相信，只需要打一点广告，订单就会接踵而至。做生意很简单——为什么没有更多的人创建自己的公司呢？

当然，情况急转直下。你吃惊地发现，网站的宣传成本远远超过了收入。你每个月都在亏钱。你只接到了一笔订单，而且对方很快提出了退货要求。没有任何人需要你的产品。

朋友们的话只是一种善意的谎言，这款产品沦为笑柄。

你为什么会陷入这种境地？这种情况可能避免吗？

精明的商人不会在产生某个想法以后马上投入资金。他们在采取行动之前会进行大量研究和学习。当他们采取行动时，他们会确保自己的行动能够带来预期利润。你之所以失败，不是因为你在营销和网站设计上做得不够好，而是因为你没能理解自学过程，不知道自学对于生活中的新事物有何意义。这是一项涉及许多投资的重大决定。由于没有主动自学，你为自己埋下了失败的种子。在现实中，掌握简单和复杂信息的能力是决定你行为成败的关键因素。

遗憾的是，我们常常在失败之后才会通过导师、课程、书籍甚至网络等途径寻找失败的原因，研究如何在下一次取得成功。对于商人来说，他们可以通过这种方式学习市场分析，了解自己的产品能否获得大众的认可。他们还可以了解不同的宣传方法，以便将产品信息准确传达给相应的细分市场。如果你在一掷千金之前明白这些道理，情况就完全不同了。当然，能够临时抱佛脚也很好，但你仍然需要培养自己的学习能力。

现在，想象另一个场景——你在学习弹吉他。你不想成为摇滚明星，但你想在家庭野营时能坐在篝火边弹上几曲，以便拉近与孩子们的距离。你拿起一把吉他，鼓捣了一通，然后吃惊地发现，一件不太大的弦乐器竟然能够发出那么大的噪音。在彻底惹恼了你试图取悦的家人后，你决定寻求帮助。

考虑到预算和学习时间，你认为 YouTube 视频和网站是最佳学习途径。你留出晚饭后的 20 分钟作为学习时间，开始研究和弦和弹奏技巧。在理解了音阶和理论之后，你开始尝试更加复杂的歌曲。

很快，你就学会了阅读乐谱，演奏篝火歌曲，甚至可以进行一些即兴演奏。由于你专门留出了时间，为学习新事物做出了一些恰当的努力，因此你获得了自娱自乐和取悦朋友、家人的能力。这个例子固然没有上一个例子那么重要，但你的确取得了完全不同的结果。

　　在这两个例子中，成功的关键是勤奋的自学过程。你可能感到厌烦甚至绝望，因为你不知道从何下手。不过，对于生活中的任何新事物，你都必须度过这个混乱且不适的阶段。你可以请教专家，阅读指导资料。你还可以根据现状和目标之间的知识差距建立属于你自己的课程。重要的是，通过投入时间和精力掌握新知识和新技能，你可以达到你所希望的状态。到那时，你会开启新的大门。

　　这两个例子都带来了收益——一个是金钱上的，另一个是社交上的。同时，这种学习过程也会提升学习者的生活质量。为此，你需要投入时间和精力，并且要有将专业知识付诸实践的愿望。

　　自学可以在生活各个方面释放出我们的潜力。不过，如果这是件容易的事情，每个人都会心想事成。自学不是一件轻松愉快的事情。我们小时候的学习方法很难成为现实生活中的最佳策略。你需要制定自己的策略和计划，这种前景令人望而生畏。没听人说吗？自学并不比工作轻松多少！

此外，人们对于自学存在不少心理障碍，这些障碍甚至与自学本身无关。这些人之中流传着各种说法，大概意思通常是："要想学习，你需要具备某种条件。如果没有这种条件，你根本没有任何机会。"这些错误观点使许多人根本不敢追求他们想要追求的事物。我们首先应该花一点时间驳斥这些传说，以便毫无顾虑地投入学习之中。

你不需要具备任何前提条件

许多传说令人鼓舞。例如，珀尔修斯（Perseus）力斩蛇发女妖美杜莎（Medusa）的古希腊传说时刻提醒人们，看似不可能的事情完全有可能发生。

遗憾的是，学习的传说并非如此。大多数情况下，关于学习的传说是为了在人们心中制造障碍——比如某种风格、某个公式甚至某种动机是有效思考和学习的必要条件。除了关于内在学习风格的传说以外，还有一种错误观点认为，智商乃至智力水平在人的一生中是稳定的。因此，许多人认为，自己将永远止步不前。所有这些观点都是错误的。除了意愿和某种自律，你不需要具备任何前提条件。本节的目标就是批驳这些令人望而却步的传说，使你有机会走上学习之路。

内在智力或天赋是必需的

只有拥有内在智力的人才有学习的资格吗？某些人是否完全没有能力学到任何东西？我们是否只适合从事某些任务，而无法胜任另一些事情？

答案是否定的。实际上，与生俱来的天赋只是决定学习成功与否的一个次要因素。成功的学习者与不成功学习者之间最重要的区别在于思维模式。持有成长心态的人相信，只要投入时间和精力，他们就可以提高。另一种人认为，智力水平是不会改变的。研究表明，前一种人的表现远远优于后一种人，尽管后者可能更有天赋。

这种现象有很多原因。相信智力不变的人为自己的成功设置了障碍。一种很合理的解释是，拥有内在智力的人之所以没有追求极致，是因为他们觉得这样做没有用，尽管这听上去违反直觉。他们的起点也许很高，但他们无法改变自己，实现某种超越。这限制了他们所学事物的数量和类型。其他人在自己"不太擅长"的领域接受自己的低水平表现，但是只要探索更多资源，付出更多努力，他们其实很容易在这些领域取得优秀表现。

相比之下，拥有成长心态的人知道，凭借时间、努力和合适的指导，他们可以精通任何领域——这与他们在该领域的初始水平无关。在他们眼中，世界充满了机遇。他们不相信天赋决定能力。他们知道，最初的失败不是绝望的理由。在他们看来，失败仅仅是失败而已，它是进一步学习的机会，可以让他们永远记住自己不应该做什么。

除了不惧怕失败，拥有成长心态的人更愿意冒险，这极大扩展了他们可以学习和精通的事物类型。他们在学习中的进步速度也很快，这可能是因为他们不太容易灰心，不会将挫折看作进步的永恒障碍。

　　成长导向型个体对于智力永恒不变的常识嗤之以鼻，他们的观点是正确的。从婴儿时期开始，随着年龄的增长，我们每个人都在学习。我们先是在婴儿床里舞动四肢，然后学着抬头爬行。很快，我们开始学会走路，并与父母和兄弟姐妹交谈。最后，我们甚至可以学习代数，阅读文学作品，从事科学实验。

　　这是我们在整个人生中无法逃避的成长路径。我们一开始什么也不会，但我们的大脑会随着使用而成长、进化和改变——这一过程不是只存在于童年，而是持续到我们去世那一天。每一天都是新的机遇，可以用来学习我们从未想象过的知识，从事我们从未想象过的事情。我们只需要把事情掌握在自己手中，相信自己，向专家学习，实践新技能，直到将其融入我们的生活中。

某些学习风格是必需的

　　第二种广为流传的说法是，我们每个人都拥有独特的学习风格，因此我们使用特定方法和特定媒介的学习过程存在难易差距。这种说法还认为，每个人的大脑具备不同的模式，要想发挥潜能，我们必须拥有特定的学习风格。

这种广为流传的思想流派源于心理学家霍华德·加德纳（Howard Gardner）的研究。1983 年，加德纳出版了《心智的结构：多元智能理论》一书。

加德纳总结了八种不同的智能：语言智能、逻辑 – 数学智能、音乐智能、身体 – 动觉智能、空间智能、人际智能、内省智能和自然智能。这些智能不是描述单一维度的技能，而是组成了一个整体。正如加德纳在其最初的理论中所说，每种智能是单一知识获取系统中的一个分支，我们应该让这些不同分支相互配合，以协调更多不同的教学方法，向人们传授新知识。

遗憾的是，流行文化将他的理论转化成了区分不同人群的工具。新闻从业者和其他一些人鼓吹说，我们每个人在不同方面具有不同智能，并且拥有不同的智能和学习风格，这导致我们取得成功的能力有所不同。这种说法为表现不佳的学生提供了借口，并且提供了简单而诱人的解决方案：如果我们改变知识的呈现形式，学习就会变得更加轻松。

关于这一主题的每一项研究都与上述观点不符。当研究人员以志愿者偏爱的风格向他们提供学习材料时，志愿者没有表现出学得更好或更快的任何趋势。相反，研究人员发现，当他们以适合学习材料的形式呈现这些材料时，每个人的学习效果都是最好的，这与他们的个人偏好无关。

这符合直觉。每个人都是不同的，但我们的差异是有限的。任何人学习体育运动的最佳形式都不可能是阅读体育课本，你必须要运动起来。类似地，要想在书面和口头上正确使用某种语言，听和读是必不可少的形式。

加德纳最初的多元智能理论与这些发现完全一致。他认为，每个人在学习时都会使用所有这些方法，对于这些不同智能的理解也许可以帮助教师找到与每个学生沟通的更多途径——这些途径不限于那些以"学习风格"为噱头的新奇方法。

另一个关于学习和大脑的类似谣言也被揭穿了。这种谣言称，一些人是右脑型人才，一些人是左脑型人才。前者偏重艺术，后者偏重逻辑。许多人相信，由于这些所谓的生理差异，人们需要根据自己的能力和局限性学习和行动。

这种说法之所以产生，是因为一些大脑扫描结果显示，在从事不同活动时，每个脑半球具有不同的活动水平。不过，最新的大脑扫描结果显示，在从事这些智力活动时，大脑是作为一个整体运转的。实际上，每个人的大脑都在以更加全面的方式运转，每个脑半球的使用率都是100%，我们不是只有一种逻辑或艺术能力。许多人能在两种类型的学习中表现出色，你也可以。

某种动力是必需的

人们犯下的第三个错误是等待学习新事物的动力出现。他们相信，隧道尽头一定有亮光。这种等待灵感降临的做法是错误的。事实上，没有人会自愿学习自己完全不关心的事情。不管是学习微积分还是某款新软件，没有人能保证付出与回报是成比例的。你不一定拥有愉快的学习过程，你也不一定获得回报。

如果我们相信这些说法，这意味着让你行动起来的不是动力，而是信心。

信心意味着你相信自己有能力实现某种目标。当你信心很足时，你相信自己能够完成预定任务。当你信心不足时，你会担心自己无法实现目标。充足的信心会使你走上学习之路，因为你知道，如果你跌跤或摔倒，你可以马上站起来。你知道自己有能力，能够完成你所开启的事情。这种信心激励着你继续前进，没有什么能够阻止你对于目标的追求。

相比之下，信心不足的人充满了恐惧和怀疑。当你不自信时，你不知道自己犯错时会发生什么，而且担心自己会多次犯错。由于缺乏信心，你将自己与实现过同样目标的人进行比较，觉得自己和他们相去甚远。当你没有信心时，所有的不完美似乎都在证明你的无能，你的目标似乎遥不可及。既然如此，为什么还要行动呢？

　　学习是一项苦差事。它需要付出时间和精力。对于任何人来说，学习新事物都不是一件容易的事情。你没有理由等到自己心情转好时再去学习，这种心情可能永远不会到来。学习并不总是有趣的，它不是你只有在感觉良好时才能去做的事情。

　　学习是我们超越自己的途径。它很艰难。不过，如果你对于自己能够完成的事情拥有安全感，那么除了一点懒惰，还有什么能够阻止你开始行动呢？

一定的时间是必需的

　　即使人们知道自己可以通过学习改善生活，许多人仍然会把这种学习往后推，声称自己时间不够。而且，人们普遍认为，精通某项技能或爱好需要大量时间。实际上，马尔科姆·格拉德威尔（Malcolm Gladwell）在《异类》一书中宣传的经验规则对于人们回避学习的态度起到了鼓励作用。格拉德威尔在书中指出，掌握一项新技能需要一万小时的实践。这是一个很高的成功门槛。许多人在看到这个数字后认为自己过于繁忙，无法学习。毕竟，如果拿不出一万小时的自由时间意味着失败，为什么还要去学习新事物呢？即使观看几百场电影，进行几百次约会，花上几百个小时打盹，你也用不了一万个小时。

幸运的是，这种广为流传的说法是错误的。

如果你花上三个小时自己练习射箭，你的收获将会非常有限。不过，你可以在同样的时间里在专业神射手的指导下练习，他可以观察和纠正你的姿势，让你把注意力集中到你真正需要掌握的技巧上。这两种练习的效果一样吗？当然不一样。在老师的指导下，你可以更加迅速轻松地学习你所需要的技能，消除你在实践任何技能的初期阶段必然会出现的坏习惯。（当然，战略计划和一定的自律也会让你取得超乎想象的进展。）

格拉德威尔的一万小时定律完全忽略了一个现实：对于练习而言，质比量重要得多。

畅销书作家丹尼尔·戈尔曼（Daniel Goleman）认为，

真正的练习通常需要"某个拥有专业眼光的人"帮助你确定具体的前进道路，激励你发挥自己的极限。"没有这种反馈，你就无法登峰造极。反馈很重要，专注也很重要——时间只是一个因素而已。"在专家指导下，我们可以摒除错误观念和坏习惯，在最短的时间里实现目标。

通过高质量的练习，我们可以利用特殊技巧和捷径，及早发现错误，迅速掌握合适的技巧，将学习过程从遍布无意识错误的漫长道路转化成更短、更轻松的道路。我们可以向导师请教，也可以阅读高质量的指导材料。不管形式如何，当我们拥有良好的指导时，我们就可以将注意力和实践集中到正确的方向上，成为更高效的学习者。简而言之，我们可以学得聪明一些，而不是傻傻地埋头苦干。这样一来，我们可以节省许多时间。

总之，一万小时定律并不是金科玉律。虽然学习是线性的，但是你可以做得更聪明一些。

宏观和微观计划

你已经知道，要想学习新技能，你不需要拥有天赋，不需要适应某种学习风格，也不需要大量时间。除了努力的意愿，没有任何事情能够真正阻止你。

那么，你到底需要什么呢？你需要计划。具体地说，是两个计划。你应该在宏观和微观层面制订计划。在宏观层面，你需要检查你的总体学习目标和目的。这种规划可以确保你将时间投入你所希望的方向上。在微观层面上，你需要根据这些目标确定每一天和每个小时的具体活动。这种规划可以确保你所投入的时间能够取得你所希望的结果。

宏观规划可以用下面六个步骤完成。

首先，确定你想要学习的对象。这似乎是显而易见的。不过，你在一些事情上花时间是值得的，在另一些事情上花时间就不那么值得了。

　　在考虑行动路线时，你首先需要考虑你的优势和劣势。通常，不管是工作还是游戏，最好的做法是强调和发挥我们的优势，而不是努力克服我们的弱点。毕竟，没有人会要求我们完成所有任务。当我们真的遇到困难时，我们总是可以向他人寻求帮助。不过，如果能精通一个或几个领域，我们就很容易成为这些领域的专家，这是一件很诱人的事情。当你选择一个发展领域时，你应该突出你的优势。当然，如果你想学习某种全新的事物，你也可以这样做。

　　即使你只想拓展职业技能，在选择学习科目和技能时，你也应该考虑到你想做什么。职业生涯需要考虑，但更重要的是思考你喜欢和不喜欢哪些活动。毕竟，如果你讨厌数字，那么你就不会想要考取会计学位，即使这样做可以提高你的工资。符合个人兴趣、能够满足个人情感的道路通常可以带来更大的回报。

　　以网站开发工程师达琳（Darlene）为例。达琳希望更好地控制网站上的进程，而不是在自己无法创建某些功能时将代码外包。而且，她希望自己能够操纵这些代码，并且希望自己编写所有代码，以便完全理解自己的网页。她的学习目标是获取更多程序语言的知识，成为更有能力、更全面的网站开发工程师。

　　第二步是分析自己当前的技能和经历，发现知识空缺。和你的未来预期相比，你有哪些欠缺？你已经掌握了哪些知识和技能？你还需要学习哪些知识和技能？其他人能否弥补你的这些知识空缺？你是否需要独自面对这些任务，寻找新的资源？当你找到需要提高的领域时，你可以根据目标确定自己可以学习的具体领域和自己应该培养的技能。此时，你的计划会变得更加具体，因为你知道自己和目标之间的距离。

　　达琳目前以网页开发为生，对于最新版本的 HTML 和 CSS 了如指掌，但她现在需要将某些类型的代码外包给别人。这导致了一些版本控制问题，使她对于工作产生了一种无力感。要想填补这种知识空缺，她需要学习网页上的其他语言。她决定从 Java 入手，因为这是她最常接触但又不理解的语言。

　　第三，为你的问题／缺陷／目标确定合适的解决方案。此时，你需要审视你的资源。这在一定程度上取决于你的性格。你是自学效果更好，还是在课堂上学习效果更好？你是想根据自己的时间安排随时开始和结束每一次学习过程，还是想请老师定期指导你学习某项技能？在确定合适的学习资源时，你需要考虑到你的时间安排、收入和偏好。

　　现如今的学习资源五花八门，包括书籍、期刊、网页、播客、研讨班、工作组、正式的课堂以及正式和非正式的一对一指导培训。

　　在选择学习资源时，你自己的学习偏好是一个重要考量因素，但它只是众多因素中的一个而已。你还必须考虑到学习资源或老师的名声，以及向某位老师学习或者在某个领域展示能力能否为你带来正规的文凭。便捷性也是一个重要因素，因为你无法参与的课堂是没有用的，不管那位老师多么出色。你无法通过自学获得他人的情感和技术支持，但你也许可以通过课程或辅导获得他人的大量帮助和监督。如果这种帮助和监督在你的学习领域很有价值，那么你也许应该购买这种服务。

　　达琳积极性很高，但常常时间很紧。她曾考虑参加社区大学课程，利用书籍和期刊自学，甚至请了一位私人教师，但她最终决定参加某个在线培训班，以便根据自己的时间表安排学习时间。这些课程不会为她带来文凭，但她知道，只要掌握了相关技能，她就可以参加技能测试，获得证书。由于她目前的工作会直接用到 Java，因此她并不担心自己的新知识未来没有用武之地。

　　第四步是制订学习蓝图。在确定目标以后，你应该寻找那些已经完成这个目标的人。这些人可以在你前进过程中提供具体的指导。

　　如果你要找的人很有名或者已经去世，你可以详细了解他们的生平，看看他们是如何达到目标的。如果他们不是特别有名，那就更好了，你可以联络他们本人，了解他们的成功之路。你应该留意他们在实现目标的过程中克服了哪些困难，接受了哪些教育，处理了哪些人际关系，然后想办法将其移植到你自己的生活中。当你完成最初的调研准备时，你可以更加深刻地理解你所关注的技能以及你所追求的事物。

　　达琳坐下来，与她的上司谈论了推进职业生涯的最佳路径。她还找时间与她的导师进行了类似的对话。通过交谈，她知道了她需要学习的具体技能以及她在掌握这些技能以后需要考取的证书。她还知道了可能会遭遇的困难以及如何克服这些困难。达琳最终可能选择不同的路径，但是蓝图调研为她带来了信息和清晰度。

　　第五步是制定可以衡量的目标。你的学习目标应该做到简单、具体、便于量化。你需要设置时间节点，以便用你设计的指标衡量你与预期进度的差距。你需要遵守这份时间表。你可以把你的目标和预期张贴在公开可见的地方，确保其他人知道你的计划和预期，作为一种激励。记住，你应该在固定的时间点获得可以衡量的具体技能和能力，这些阶段性目标应该服务于你的整体学习目标。

　　如果你选择了更加正式的学习环境，你也许会有固定的上课时间，但你仍然需要额外留出学习、研究和实践的时间。任何老师都不会让你在课堂上完成掌握技能所需要的全部练习。如果你是自学，设置不间断的自学时间表就更重要了。

记住，不管使用多好的方法，要想真正掌握一项技能，你都需要投入一点时间。所以，请为自己多提供一些学习窗口。你不仅需要花时间阅读和观看视频，而且需要回顾你所学到的知识，进行有意义的练习，发现和纠正你必然会犯下的错误。

达琳根据在线课程单元制订了时间表，留出了参加每节课的具体时间，并且分配了一些时间段，用于研究每个单元。她还在每个星期分配了参加单元测试的具体时间。她把这些安排设置在手机上，用于提醒自己，并且打印了一份日历，贴在隔墙上。她在几个月时间里一直按照计划行动。因此，她可以实现精通编程的目标。

第六，在整个学习过程中预留时间，用于反思你所学到的知识，评估你的进度是否达到了极致。毕竟，如果一种方法行不通，这并不意味着你只能放弃。有时，你需要的只是更大的责任感和独立性而已。你想要的是使你获得目标技能的学习计划。如果这个计划行不通，它只会浪费你的时间。厨师在烹饪时总会品尝食物，你也应该以类似的方式评估你的进度。

达琳严格执行计划，对于自己的进度很满意。不过，她发现课程深度不够，无法完全满足她的需要。为解决这个问题，进一步理清思路，她找到了她的上司，提出了问题。她的上司愉快地解答了她的疑惑。最终，她获得了她所需要的技能，成了更加高效、能力更强的员工。

宏观层面的自学计划并不复杂。实际上，它很简单。它主要表述了优化前进道路的系统过程。

不过，微观层面仍是一片空白。那么，要想改变懒散度日的状态，获取终身受益的技能，你需要哪些具体技巧和日常活动呢？

什么是学习？你先要获取信息……然后呢？学习的第一步是找到一段视频或一本书，然后坐下来，被动接受它所包含的信息，这很容易。就连宏观计划也不难，其中的大部分内容完全是人的第二天性和常识。真正困难的是将我们接受的知识转化成我们可以使用的长期稳定记忆。

在真正学习某种信息时，我们在做什么？从单纯知道质能方程（$E=mc^2$）到理解它的应用和原理，我们经历了什么？我们将在这里介绍自学的四个重要支柱，它们将贯穿本书全文。

"让我换一种说法……"

辅助学习的第一个技巧是信息转化和综合，也就是将新信息转化成你自己的语言。当我们背诵一段文字时，我们也许能回想起当初学习的情景，但我们不一定能完全理解我们背诵的文字。当我们没有完全掌握某种信息时，当我们没有将其完全融入自己原有的知识体系时，我们记住的只是听上去很陌生、不会引发联想的陈述而已，我们很容易将其遗忘。在学习乐器时，这就好比是通过画图或位置描述等视觉呈现形式将纸上的音符转化成乐器上的具体位置。

相比之下，当我们将信息转化成自己的语言时，我们可以立即理解这种语言。在解释某种概念时，我们需要将某种思想吸收到头脑中，考虑相关的重要和次要事实，用全新的语言重新表述重要和次要主题。在解释某种思想时，我们需要认真思考这种思想，这种有意识的协调思考可以帮助我们记住所学的知识。当你用自己的语言表述某种知识时，你会感觉这种知识对于你个人更加重要，这也有助于记忆。我们会记住对我们很重要的事情！

"它会出现在试卷上吗？"

学生们不断重复着这句话，以便知道自己什么时候可以不再关注某些知识。他们的逻辑是，如果考试不考，你就不用管它。当你自学时，你也可以（而且应该！）进行测试。

在小学生看来，考试的意义仅仅是得到一个分数而已，它是学习的终极目标。只要考试结束，你就可以将"无用"的知识从大脑中清除出去了。事实并非如此。考试是一种评价工具，可以强迫你记忆并在头脑中检索信息。考试可以强迫你离开自己的舒适区，去学习和回忆一些知识。单纯的重复阅读和强调无法使你取得你所希望的进步。

　　你可以进行自我测试，以取得这种效果，掌握相关学科。通过测试，你可以知道自己的知识水平，从而知道自己还需要学习什么。此外，自我测试还有助于强化你所学到的知识。如果你强迫自己接受更多测试，你不仅可以学到简单直观的知识，而且可以掌握那些难度较大、需要花费时间去记忆的知识。

"这就像是马蒂·麦克弗莱（Marty McFly）[1]的时光旅行？"

　　帮助你理解和记忆的第三个支柱是将新知识与你已经掌握的知识相联系。当你在两个知识点之间建立关联时，回忆一个知识点也会有助于你回忆另一个知识点。此时，你记住的不是两条独立的离散信息，而是一条相互联结的复合信息。当你想到其中一个概念时，你会自动想起相关联的另一

――――――――――――

[1]　电影《回到未来》中的人物。——译者注

个概念。

有两个技巧可以帮助你将新信息与原有思维模式相联系：寻找类比和创建具体实例。在使用这两个技巧时，你需要深入理解，在两个不相关原则之间寻找相同点和不同点。

"给我一些空间。"

最后，大脑需要吸收新信息的空间。填鸭式学习无法奏效，因为它试图将过多的信息一下子装进大脑。这样一来，我们的系统就会超载，无法掌握任何新信息。虽然大脑可以从事各种任务，但它毕竟是一种生物结构，具有生理局限性。

众所周知，为了取得最佳表现，运动员在进行一段高强度训练之后需要休息。在学习过程中，你也应该以同样的方式对待你的大脑。你也许可以阅读许多材料，但这并不意味着你的大脑会将它们全部吸收。要想正常生活，我们必须要有睡眠。就连机器也需要加油和冷却。这里的空间体现在两方面：一是休息，二是与教材的分离。

画重点

- 当你去除关于自学的所有错误观念时，实现目标的先决条件通常也会大大减少。此时，自学过程看上去会变得非常简单。

- 常见的错误观念包括：天赋决定了你的潜能，某些学习风格是不可缺少的，某些动机很重要，学习进度是由学习时间预先决定的。这些观念是有害的，它们会让你觉得你无法实现目标。

- 除了学习意愿和一点自律，学习并没有真正的限制条件。制订宏观和微观计划可以很好地考验你的意愿和自律。宏观计划与你投入时间学习某件事情的理由有关，微观计划与你每天应该参与的实际活动有关。前者可以确保你最终实现的是你想要的目标，后者可以确保你最终实现这个目标。

第二章　自主学习的四大支柱

现在，我们要详细谈论上一章提到的微观计划。我们要关注四大支柱，不过在此之前，你首先需要完成宏观计划，弄清你为什么要付出这种努力。

有四种方法可以将学习从被动的暂时经历转化成让学习者终生掌握知识技能的活动。这些方法是：信息转化和综合，通过实例和类比思维将新概念与原有知识相链接，自我评价，为自己提供吸收的空间和精力。在自学过程中，这些方法是学习各类信息的最佳工具。

知识的转化和综合

微观计划的第一点是信息综合，将其转化为我们自己的知识。将我们听到和读到的东西转化成自己的语言可以起到很好的效果。有时，我们甚至只需要换一种说法或者进行一下总结。

信息的转化和综合有一个更简单的说法：记笔记。

当然，光说记笔记这三个字还不够。毕竟，大多数人记的笔记很糟糕。他们要么将原文一字不动地抄下来，没有添加任何想法、见解和分析，要么潦草而高度简略地摘抄原文的片段，使信息变得更难查找，而不是更便于记忆。这两种方法只是将信息简单过了一遍，完全没有涉及那种可以巩固和加深所学知识的注释。它们没有批判性分析，无法成为我们看待某一学科的永久观点。

事实是，笔记不仅仅是笔记——它是你促进学习和理解的最佳武器。只要在看似简单的笔记中加入一些结构和预见，你对于信息的吸收和综合就会得到极大的改进。笔记不仅是对于所学知识的记录，而且是一种重要的思想蓝图，可以记录你对信息的看法、信息之间的联系以及信息的含义。不要单纯做笔记。你还要与信息交互，咀嚼信息，充分思考信息。

只要在开始时做好笔记，你就为自己的成功做好了准备。

　　说了这么多，我只是想强调一个显而易见的事实：笔记很重要！（关于笔记，再说一句：科学证明，手写是最有利于记忆和理解的方法。）

彼得方法

　　彼得方法是一种很有力的信息转化方法。这种方法是由我提出的。可以说，我对学习过程进行了多年研究，对于现存的所有笔记模式了如指掌。彼得方法将我所发现的一切精华集于一身。我相信，它是最充分、最有帮助的方法。

　　彼得方法用四个步骤记笔记，可以使你深入理解所学科目。彼得方法比通常的记笔记方法要麻烦一些，但这正是它更加有效的原因。（对不起，这本书里没有任何捷径，只有更聪明的方法。）

　　在彼得方法中，你需要标注所学科目中的关键点，用自己的话提取重要信息。你可以可靠而系统地处理和阐述你所学习的知识，使知识的学习和记忆变得更加简单。

　　四个步骤分别是：（1）正常记笔记，但是要尽量详细；（2）用你自己的语言总结信息，说清它的含义，记下问题；（3）将这段具体信息与整节课相联系；（4）回答余下的问题，然后再次总结每一页或每一节。

　　彼得方法的第一步是像你平时那样记笔记。在学习教材时，抄下你需要知道的信息，并在每条笔记下面留出两个空行。这些空行用于在第二步和第三步处理和分析信息。为实现最佳记忆，最好在上完课、看完视频或者读完教材之后立刻进行后面的步骤。所以，第一步只需要正常记笔记，记得越详细越好。

　　例如，如果你正在研究国王亨利八世的饮食，你可能会写（下面的信息完全是杜撰的，仅仅用于举例）："国王亨利和王室成员每餐食用多达 20 种不同肉类。当时，少于 20 种肉类的餐点被视作对于贵族的侮辱。他们也会吃蔬菜，喝葡萄酒，但肉类才是重点，因为肉类是财富和地位的象征。"

第二步：在记下最初的笔记之后，接下来是将彼得方法与其他方法真正区别开来的地方。你需要在每条笔记第二行空白处将你在第一步写下的内容总结成一个完整的句子。此时，即使第一行的笔记本身就是完整的句子，你也不能仅仅将其抄下来。你必须用你自己的语言，将笔记转化成有助于理解的形式。理想情况下，你可以实现更深刻的理解。一定要努力在信息内部建立关联，寻找联系。

这不适用于所有信息，但是要尽量去做。为什么？虽然这种重复看似冗余，但它也可以帮助你巩固头脑中的知识。当你用自己的语言将知识表述成非常连贯而完整的句子时，你必然要处理相关信息，推敲其含义。此时，这些信息将在你的头脑中打下更加深刻的烙印，这是简单重复无法比拟的。

在上面的例子中，在重新表述信息时，你可能会写："亨利八世的饮食以肉类为主。在那个年代，富贵者希望吃到许多不同的肉类。如果种类太少，他们会觉得这是一种耻辱。葡萄酒和蔬菜并不重要。"

你还可以在笔记第二行列出你对于第一行笔记可能产生的任何疑问。这是你在形成完整画面时需要澄清的地方和知识空缺。在进入彼得方法下一步之前，考虑这些信息可能的延伸方向及其含义。深入思考相关主题并提出问题有助于知识记忆，不管你能否回答这些问题。

关于亨利八世的饮食，你可能提出下列问题："如此富含蛋白质的饮食对于健康有何影响"，或者"为了弄到这么多肉，每天要动用多少人力，他们是怎样做的"，或者"农民吃的又是什么"，或者"其他文化或国家的贵族将什么看作地位的象征"。

用荧光笔或者不同颜色的钢笔或铅笔为这一段做标记，因为它是你从第一行提取出来的实际信息和消息。实际上，你已经不太可能回头再去查看你在第一步记下的内容了。

第三步：第三行是你所留下的最后一个空行。在这里，写下你能找到的该主题与你所学科目之间的所有联系。如果你发现这条笔记的主题与你所学科目存在某种因果关系，也请写在这里。如果这种新信息有助于理解动力因素，或者能将不同事件联系起来，或者能让你猜测人物的视角和感受，也请写在这里。只要是能在相关信息之间建立横向联系的事情都应该写在这里，以便使这种链接——以及原始信息——持续存在于你的记忆库中。

这里的经验规则是思考相关主题的重要性及其与大主题的关系。在我们的例子中，假设大主题是亨利八世的生平和遗产。他的饮食习惯信息有何意义？

在这里，你可以写，王室饮食与农民饮食存在天壤之别，后者主要是他们自己收获的水果、蔬菜和谷类。也许，这就是亨利的臣民憎恨他并最终处决他的原因。你还可以写，如此充足而丰盛的肉类可能导致了亨利八世举世皆知的肥胖。最后，你可能也会看到，这种奢侈体现了贵族当时的富足有多荒谬。你也可以将其看作关于亨利八世奢侈生活的逸事。

看一看当前信息是如何构成整体叙事或故事的。将其看作有生命的事物，而不是枯燥的陈述。

第四步：彼得方法的最后一步是在每一页（或者合适的篇幅）结尾总结第二步和第三步的信息。同时，试着解答你在第二步写下的问题，如果这些问题仍然有意义的话。

第四步为你提供了最后一次机会，你可以回顾、综合和转化你从纸上接收的信息。大多数人只接触一次信息，但你以四种不同方式接触了四次信息。这样做是大有裨益的。这种脑力劳动可以长时间发挥作用，确保你真正理解和记住你所学习的事实及其意义。这不仅有助于理解信息，而且有助于你在必要时运用这些信息。

例如，在关于亨利八世饮食的笔记中，你写下这样的结尾："亨利八世及其王室成员每顿饭要食用 20 种肉类。这种现象在当时很不寻常，因为大多数人根本吃不起太多肉，只吃他们自己种的水果、蔬菜和谷类。这也许就是亨利八世和具有类似饮食习惯的人如此肥胖的原因。我很好奇，他们是怎样弄到这么多肉的？这种饮食对于健康具有其他哪些影响？这种奢侈对于他在臣民心目中的形象有何影响？"

你可以看到，彼得方法为笔记赋予了应有的尊重和关注。当我们记笔记时，我们不仅是在记录信息，也是在创建我们感知和理解这种信息的永久头脑蓝图。这是我们形成准确全面第一印象的机会，所以我们不能用简单的笔记浪费这个机会。这种方法可以使你形成更好、更深刻的完整知识体系——这正是记忆信息的最佳途径。如果你想记住和理解你所学习的知识，彼得方法是最好的方法。

结构化分析

不过，彼得方法比较耗时。它和正常笔记之间的距离有点远。从正常笔记直接转换到彼得笔记可能有点困难。

另一种方法是结构化分析方法，它也可以加深和增进理解，同时又没那么复杂。在这种方法中，学习者将笔记写成两列。左边一列是笔记列，其宽度大约是第二列的两倍，这个比例也可以根据你的喜好而调整。实际上，这相当于添加了一层信息分析。

　　左边一列包含了你正常记录的笔记。在这里，你需要写下你所学习的概念、理论和事实信息。你可以用段落格式或者学校里通常使用的大纲格式记笔记，后者可以在列内将重点与次重点区别开来。

　　右边一列是备注列，用于记录你对于笔记列的分析。在这里，你需要回答下列问题："这段信息有什么含义？""这里说的到底是什么意思？""这段内容有什么启示？"。在这里，你还可以评价你所学习的理论的优势和劣势，将你正在学习的信息与你已经学过或在生活中经历过的不同事物相联系，将你所学习的概念与其他思想进行比较和对比。

　　这样做的意义是将笔记与你对笔记的评价相联系，使你一眼就能看到你所学习的信息以及你对这些信息的看法。通过将信息写在并排的线框里，你很容易看到哪些事实和概念引发了哪些考量。你还可以用不同钢笔写下不同种类的信息，使信息回顾变得更简单，更清晰。

　　这种方法不像彼得方法那么耗时，因为它的重复次数比较少（两次而不是四次），但它同样鼓励批判性思维，留出了分析和评价每条信息的空间。简单的概括方法只是以不同层次罗列事实，结构化分析方法则提醒你静下心来，思考当前信息与你之前学过或经历过的其他事情有何关系。

显然，这种方法可以使你更加深刻地理解你所学习的信息，形成更加牢固的记忆，更好地运用这些信息，不管你所学习的是实践技能还是需要书面测试的知识。

例如，如果你在学习弗朗茨·卡夫卡（Franz Kafka）的《变形记》一书（一个人变成了甲虫），你可以将该书的主情节点和出版数据写在笔记列。你还可以在这一列写下任何关于作者生平的注释。这是你需要知道的简单事实。

在右边一列，你可以将卡夫卡的小说与其他涉及变形的故事和小说（比如奥维德的故事）进行比较和对比。你还可以在这一列推测其哲学或政治基础及含义，分析作品本身的质量。所有这些——以及其他备注——会给你足够的思考空间，使你不至于对所学信息进行机械记忆。和彼得方法类似，同仅仅写下所学事实的做法相比，这种方法可以使你更加深刻坚实地掌握你所学习的信息。

涂鸦效应

信息转化和综合的最后一项技巧是利用加拿大滑铁卢大学迈拉·费尔南德斯（Myra Fernandes）发现的"绘画效应"。费尔南德斯及其团队发现，当人们为清单上的文字绘制速写时，同多次书写这些文字相比，他们更容易记住这些文字。

研究显示，即使花费四秒钟的时间绘制涂鸦，其效果也要好于观看图画或者在脑海中想象相关画面。手绘的记忆效果非常好。和单纯认知相比，生成视觉形象会激活大脑的不同区域。不过，前面的原则在这里同样适用——你越是咀嚼、运用和想象信息，你对它的认识就越深刻。

即使对于更加复杂抽象的概念，画图的效果也比反复阅读定义要好。画图时，你必须将相关信息转化成新形式，这需要一定的理解和处理能力。手臂运动、最终成果的视觉呈

现以及确定绘制内容的概念处理过程似乎都对记忆编码起到
了作用，而在分离这些因素的试验中，被试者的记忆效果均
不如没有分离这些因素的记忆效果。

更妙的是，绘图质量似乎完全不重要。就连几乎无法辨
认的绘画对于记忆也具有同样的效果——尤其是对于老年人
而言，这些人常常难以回想起他们写下的文字，但他们记忆
图画的能力和年轻人一样好。别忘了，你需要将知识转化成
对你有意义的事物。

如果你想在学习光合作用时利用绘画效应，你可以画上
植物和太阳，然后画出从太阳指向植物的线条，以表示来自
太阳的能量在植物内部转化成食物。这样一来，只要注视这
张图三秒钟，你就可以极为清晰地理解光合作用循环。而且，
这种绘画过程有利于信息综合。

简而言之，花费几秒钟在笔记旁边进行信息涂鸦可以很
好地确保你的大脑将你所学习的信息写入更多神经突触，这
是单纯书写无法比拟的。你可以根据意愿进行简单或复杂的

涂鸦。你试图创造的视觉事物是一种极为深刻的信息转化层次，具有完全不同的效果。

在这里，我必须提一提思维导图的价值。思维导图是笔记的视觉呈现形式，可以显示事物之间的关系。

创建思维导图是一种简单的本能。和上面的记忆树类似，第一步是提出核心思想或主题："番茄酱""修理汽车变速器""英国纹章""漫威漫画宇宙"。你几乎可以把你能想到的任何大主题放在中间。

接着，画出从中间向四周延伸的线，作为分支，连接与主题相关的从属主题。例如，如果你在研究番茄酱，你可以画出指向特定风味酱料的初始分支——"意大利式""墨西哥式""西班牙式""印度式""美式"等。

思维导图的思想是不断画出与大主题相连接的分支。例如，在"意大利式"条目下，你可以列出意大利番茄酱的具体类型："麻林纳拉""烟花女番茄酱""博洛尼亚番茄酱""阿拉比亚达"等。在每种酱料下面，你可以画出具体配料、烹饪策略和葡萄酒搭配的分支——思维导图的分类是无穷无尽的。

思维导图的组织是其强化记忆的另一种途径。各种关系、联系和层次结构很容易在思维导图上表示出来。前面说过，用某种元素以视觉形式呈现关系和联系可以巩固记忆。

50-50 规则

最后，你可以用 50-50 规则对于你所学习的信息进行转化和综合。根据这一规则，你要用一半的学习时间来摄取信息，并用另一半时间进行交互和处理——这也就是自学的第一支柱。后一半时间才是真正的学习，所以，不要将过多的时间浪费在信息的重复摄取上。自学的第一支柱与 50-50 规则的精神是完全相符的。

我们对信息的被动接触并不是学习，我们对于知识的思考以及与他人的交流才是学习。如果你无法遵守 50-50 规则，那么你至少应该花费更多的时间解释和处理信息，而不是用更多的时间去阅读，或者倾听其他人向你分享信息。

如果你用四个小时学习书中的新主题，你应该用两个小时读书，用两个小时处理和咀嚼书中的内容。你可以使用前面彼得方法和结构化分析方法中的步骤。重要的是深入挖掘，理解六大经典采访问题（谁、什么、哪里、何时、为什么、怎样）。

如果你只知道盲目重复，不知道如何咀嚼和处理信息，你可以自己教自己，这是一种行之有效的方法。当然，你不需要真的教自己，但你需要经历教学的思维练习。

有人说，如果你不能用简单的语言传达你所知道的事情，这说明你还没有完全弄懂。你解释一件事情越费力，你对其整体画面的理解就越模糊。在 50−50 规则中，你不应该仅仅向拥有相同知识和智力水平的人传达信息。真正的考验是用足够简单的语言向孩子传达你的知识并让他们听懂。

你应该能够进行足够的一般化，同时做出重要的区分。这样一来，你必须真正精通某一主题，而不是只能将一知半解的术语挂在嘴边。例如，如果你用"desalinize"来解释"desalinization"过程，这可能意味着你并不知道这个词语的含义。

　　在准备教学时，你会发现自己的知识空缺。你对于一些细节甚至完整过程的掌握可能并不充分，无法进行清晰的解释。这是一种重要发现！此时，你知道你需要回过头来，对于一些学过的知识进行更加充分的学习，以便真正掌握相关信息。当你用孩子也能理解的方式简单而充分地传达某种信息时，这说明你已经真正理解了你所学习的主题。

　　首先准备一份面向 5 岁孩子的解释和总结。这份解释是简单而笼统的，故意去除了一些难以理解的地方。它可能遵循"XYZ，但不是 A"的公式。这种解释可以说是最难的，因为你需要拥有最大限度的整体理解，将事物剥离成最简单的形态。

　　接着，试着向 15 岁的孩子进行解释。这种解释要复杂一点，你在解释一些微妙细节时的自由度也要大一些。你仍然需要将这种解释限制在青少年可以理解的范围内。它的模式更像是"XYZ，但有时不是 X，有时是 A，有时是 P"。最后，试着向 25 岁的人进行解释。此时，对方已经完全是成年人了，能够掌握更加深刻复杂的概念，并能将其与他们已经拥有的其他知识相联系。

这是最简单的步骤，因为它可能是你向自己进行解释的方式。和你向 5 岁孩子解释时相比，你在这里所说的话并没有那么重要。

如果你经历过为所有三个层次构造解释的实际过程，你会发现其难度是逐渐减小的，困难的部分（包括发现你知道的没有你想象的那么多）是在第一和第二层次完成的。你还可以把整个过程逆转过来，从最复杂的解释开始，然后不断简化，直到遭遇理解障碍为止。

将新事物与熟悉事物相结合

微观计划的第二元素涉及如何通过我们已经知道或熟悉

的领域理解更多信息。考虑如何向一个只知道板球的人解释棒球。你的解释类似于"它和板球类似，除了ABC"。显然，这是一种过度简化，但它指出了重点——我们必须从某个地方开始，为什么不从我们已经知道的地方开始并由此出发呢？

现在把大脑拟人化，看看学习是什么样的。你掉进新知识的海洋里，没有救生艇，没有地图，天空中也看不见星星。你没有任何方向指导，不知道如何应对这些全新的信息和概念。此时是夜间。你的脚踩不到任何东西，无法把头保持在水面上方。最终，你放弃努力，被水淹没——这相当于放弃学习新事物。我们应该有一个立足之地，一个方向指导——这就是我们熟悉的事物。

这引出了将新事物与熟悉事物相结合的第一点：类比思维。

类比思维

如何向一个不熟悉某一领域的人解释一项新业务？"它是

X 领域的优步，除了 ABC。"

在解释某件事情时，我们常常会自然而然地进行类比。类比可以使我们立即理解某件事情的含义和背景，因为我们的思想可以关注一个概念，然后逐渐区分不同点，直到理解新事物。

当然，通过类比将新概念和信息相联结是将新知识纳入知识库的另一种好方法。虽然我们天生喜欢类比，但是作为人类认知重要组成部分的类比却常常不受重视。不过，印第安纳大学教授道格拉斯·霍夫施塔特（Douglas Hofstadter）等神经科学家坚持认为，类比是一切人类思想的基础。

霍夫施塔特认为，类比可以使我们理解类别，而类别是我们分辨信息和概念的工具。通过分辨相似性，我们可以分辨相同点和不同点，以不同方式为事物分类。

只要想一想我们是如何为动物分类的，你就很容易认识到这一点。在未经训练的人看来，猫和狗可能非常类似。它们都有体毛、四条腿和一条尾巴，但它们拥有不同的脸、饮食和遗传特征，因此我们可以将它们区分开。它们非常相似，具有可比性，但它们更加接近于自己的种族，这是我们将其分类为猫和狗的原因。所有这些意味着我们永远不会把猫说成狗，把狗说成猫。

更加复杂的高级思想是通过类比形成的。想想更加抽象的哺乳动物群体。这个群体不仅包括比较相像的猫和狗，而且包括鸭嘴兽、海豚和负鼠等差异很大的动物。没有人会认为家猫和海豚相似，但科学是非常清晰的。泌乳、有皮毛和恒温是将物种划归哺乳动物群体的唯一标准。只要某个物种具有这些特征，它就属于哺乳动物。

如果把这些标准放在一起，我们就形成了关于哺乳动物的高级思想，可以分辨哪些动物符合哺乳动物的标准。通过将这些标准简化成"哺乳动物"一词，我们认识到海豚和鸭嘴兽具有相似性。

随着年龄的增长，我们的想法和描述世界的类别也在发生变化，并且受到生活和文化中各种思想的冲击。不过，不管我们学到哪些新知识，它都必须经过大脑的过滤，后者通过类比区分事物和思想之间的差异，从而对世界进行分类并理解这个世界。在学习新信息时，如果有意识地区分和创建类比，我们就可以更加迅速地将新知识融入我们的头脑之中。

我们已经知道了类比的总体认知作用和重要性。那么，如何利用它进行有效的自学并增进理解呢？我们说过，类比提供了当下语境——你所接受的信息的心理模式——在此基础上，你可以慢慢地区分和充实细节。

例如，我们前面提到，新业务常常被称为"X 领域的优步"。优步是一家打车公司，你可以寻找非出租车司机，让他们用自己的汽车送你到达目的地。所以，"X 领域的优步"意味着人们用自己的汽车运送其他人或货物。现在，我们有了一个心理模式——包括大概内容、目的和运作方式。

现在，学习的重点来了——如何将这个新业务与优步区分开来？它与优步有哪些细微差异呢？这一点以及新业务的类比对象需要由你来表述。当你获得某种新信息并且有意识地为其创建类比时，你需要：（1）寻找类似的信息模式，这需要足够的理解，以便对两个概念进行比较和对比；（2）进一步对两种模式进行足够深入的理解，以便说出二者的差异。这就是更加深刻的学习综合。

例如，当你学习制定新法律的步骤时，如何进行类比？根据上面两个步骤，你先要找到新立法程序可能使你想到的你所熟悉的现有信息。你需要在脑海中寻找类似事物；这种主次因素分析对于你的记忆是很有帮助的。

接下来的问题是，二者有何差异？此时，你可以根据你的深刻理解清晰地指出两种概念之间的差异。你可以挑出一些小细节，指出它们看似相同，但来自完全不同的动机。将其对于新法律的意义记录下来。

这不是比较两个不同概念的思维训练——它是将旧有信息与新信息相结合，迫使它们相互作用，以增进理解和记忆。

使用具体实例

将新事物与熟悉事物相结合的另一个重要技巧是创建具体实例，以处理抽象概念。这很有用，因为抽象思想常常很模糊，难以掌握。人类的大脑容易记忆我们看到和听到的具体事物，而不是我们思考的抽象理论观念。这意味着为抽象概念寻找具体示例是触摸抽象观念、使其便于理解和记忆的最佳途径之一。

举一个简单的例子。假设你在学习供需法则。你的教科书或讲座中可能会有一些具体实例，但是你可以寻找来自个人生活的例子。还记得你在旅游旺季预订市内酒店时的情形吗？房间价格高得离谱，你在付款时心里一哆嗦。这是因为需求旺盛，供给因而不足。这些因素导致价格上升，因为在供给短缺时，市场需求会支持价格上升。

你可以针对你所学到的概念独自完成这一过程。你也许无法为你所学习的一切知识提出具体实例。此时，你可以构造一些假想的例子，作为例证。例子意味着应用。学习的有趣之处在于，在实际使用之前，你永远不知道什么是你不知道的。

就像学习踢足球一样，我们需要亲身实践，任何阅读都无法取代第一手经验。具体实例常常是我们掌握大量信息和概念的最佳途径。尽量寻找你所熟悉的例子，这样你就永远不会忘记它了。

和类比类似，构造能够说明问题的清晰例证需要深刻的理解。只要经历这个过程，你就会看到自己的知识空缺。同时，你也会重新审视你对于整个主题的理解。

假设你对重力理论感到困惑。创建这样的例子：当你从建筑物第二层、第三层和第四层跳下时，你需要多长时间才能落地。想象下落时你的胃冲向喉咙的具体感觉，你就能体会到重力加速度有多快了。在讲述重力理论时，人们几乎总会提到艾萨克·牛顿想象苹果落在头上的例子，以说明重力是如何影响一切的。

不管是什么概念，你都应该努力创建属于你自己的具体实例，尤其是对于不太好掌握的概念而言。

例如，"勇敢"的心理状态被定义为"做某种令人害怕的事情的能力"。这很抽象。怎样更好地理解呢？

一个容易想到的例子是士兵冒着生命危险奔赴战场，奋勇作战。更加贴近生活的例子是我们在面试或首次约会之前以及过程之中的感受，此时我们会感到焦虑，但我们会努力克服焦虑，以便抓住新机遇。这个例子特别有用，因为它将抽象概念与学习者能够记住和感受到的近乎普遍的人类经历联系在了一起。例子对我们来说越具体，我们就越能感受到它的影响。

并非所有的例子都很完美，但它们为我们的理解增添了深度和含义，同时可以将抽象概念转化成我们容易掌握和记忆的思想。

自我测试和检索实践

检索实践可以使我们从事脑力劳动，深入挖掘记忆库。同时，它也是最有效的学习方式之一。它是自学的第三大支柱。

我们通常将学习看作某种吸收过程，看作某些知识进入我们头脑的过程——老师或教科书向我们提供事实、数据、公式和语句，我们只是坐在那里收集这些信息。这只是积累——是一种非常被动的行为。

这种学习得到的知识无法被我们长期记忆，因为虽然我们得到了知识，但是我们并没有进行太多运用。为取得最佳效果，我们需要将学习变成一种主动行为。

这就是检索实践发挥作用的地方。检索实践不是将更多东西塞进头脑之中，而是帮助我们将知识从头脑中取出来并投入使用。这有助于记忆。这种看似很小的思维转变可以极大地加强记忆效果。每个人都记得小时候的抽认卡片。卡片正面是数学公式、词语、科学术语和图像，背面是"答案"，即学生需要给出的解答、定义、解释或者其他回答。

抽认卡片的想法正是来自这一概念。这种方法既不新奇也不太复杂：你只需要在看到某种图像或描述（卡片正面）时回忆你学过的信息（背面）。

检索实践是强化记忆的最佳途径之一。虽然它的核心思想非常简单，但是检索实践的实际应用并不像被动使用抽认卡片或者浏览笔记那么简单。相反，检索实践是一种主动技能：你需要真正做到努力思考和回想，最终在没有提示的情况下想起相关信息。

普贾·阿加瓦尔（Pooja Agarwal）在一年半时间里对于中学生社会科目的学习进行了研究，研究截至 2011 年。该研究试图确定定期大量测验——相当于检索实践练习——对于学习和记忆能力有何益处。

教师没有改变学习计划，像平常一样讲课。学生定期接受由研究小组设计的关于课程内容的测验，并且知道测验结果不会计入他们的成绩。

这些测验只涉及教师讲课内容的大约三分之一，教师在学生接受测验时需要离开教室。这是为了避免教师知道测验涉及的内容。上课时，教师像平常一样授课和提问，并不知道自己讲授的哪些内容出现在测验里。

这项研究的结果是用每单元结尾的考试来衡量的。结果令人震惊。和测验没有涉及的内容相比，测验涉及的内容（占授课内容的三分之一）时，学生的成绩提高了一个等级。虽然学生不存在为了提高总成绩而将所有测验问题答对的压力，但是偶尔的测验的确有助于学生的学习。

阿加瓦尔的研究对于哪种问题效果最好提供了一些线索。相比于选择题和判断题，需要学生凭空回忆信息的问题取得了更大的成功。在没有文字和视觉提示的情况下努力回想答案的行为，可以改善学生的学习和记忆效果。

　　检索实践的主要优点在于，它鼓励学习者主动努力学习，而不是被动接受外部信息。

　　和不断将概念塞进头脑相比，从头脑中提取概念的效果更好。真正的学习应该是知道自己获得的新知识并能在稍后将其运用起来。我们之前提到了作为检索实践衍生物的抽认卡片。不过，抽认卡片本身并不是检索策略：仅仅使用抽认卡片并不能保证真正的检索实践。

　　许多学生在被动使用抽认卡片。他们看到提示，在头脑中做出回答，告诉自己已经知道答案，翻过卡片去看答案，然后再去看下一张卡片。在真正的检索实践中，你需要花费几秒钟的时间真正回想答案，最好将答案大声说出来，然后再把卡片翻过来。这种差别看似微妙，但它很重要。如果能在翻卡片之前真正检索并说出答案，学习者可以取得更好的效果。强迫自己使用抽认卡片或者接受类似的模拟测试可以使你获得最佳记忆效果。

　　在现实中，我们通常没有老师、现成的抽认卡片或者其他辅助。此时，如何对我们所学习的知识进行检索实践呢？一种好方法是对抽认卡片进行拓展，使之更具交互性。

我们小时候使用的大部分抽认卡片非常单调。你可以调整抽认卡片策略，改变卡片背面的内容，以适应更加复杂的自学或其他实际应用。

当你在工作中或在课堂上进行学习时，你可以在抽认卡片正面写上概念，背面写上定义。完成这项任务后，再做一组"指导"卡片，以便将这些概念运用到创造性情境或现实情境中。下面是一个例子：

- "用仅仅一句话表述这个概念。"
- "设计电影或小说情节，以展示这个概念。"
- "用这个概念描述现实生活中的某个事件。"
- "描述这个概念的对立面。"

检索的机会是无穷无尽的。记住，你的目标是强迫自己搜寻记忆，展示信息，然后将其放回记忆库中。

　　为了更好地使用抽认卡片，你可以制作两组卡片。第一组卡片只包含定义和单一概念：一个词语的提示对应于一个词语或一个句子的答案。

　　第二组抽认卡片包含关于单一概念的丰富信息，你必须在一个词语的提示下回忆这些信息。这也叫作封包信息。此时，你的短期记忆（平均只能记住 7 个项目）可以记忆大块信息，而不是比较小的单一信息元素。这意味着当你将更多信息放入每个抽认卡片时，这组信息会成为一个项目而不是多个项目。

　　在浏览抽认卡片时，把认错的卡片放回卡片堆的中间或上方，以便更快、更频繁地看到这些卡片。这样可以帮助你纠正错误，更快地将其记住。

　　这些练习可以从相关概念中提取你自己无法生成的更多信息。你可以把它们放在创造性叙述或表述的上下文中。当它们在现实生活中出现时，你就可以更好地理解它们了。当你使用抽认卡片时，检索实践是很简单的，它本质上是一种自我测试。当你稍微动动脑，从记忆库中挖掘信息并进行检索时，这些信息会牢牢地刻印在你的头脑中。你可以做一些花哨的抽认卡片，用卡片上的问题考验自己理解和知识的极限。重要的是不断将信息从头脑中提取出来，这样你的记忆就会大为改善。

吸收需要空间

最后是微观计划的第四大支柱：空间。吸收需要空间。你可以将我们的头脑和记忆库想象成缓慢消化的胃。胃一次只能消化一定量的食物。即使你不断强灌食物也没有用。到头来，你的胃只会将过多的食物吐掉或者忽略掉。你可能会按摩胃部或者通过跳跃促进消化液的分泌，但这都没有用。胃的容量是不能协商的。

大脑的容量也是如此。所以，填鸭是无效的，临时抱佛脚也注定是要失败的。要想真正有效地学习和吸收信息，我们需要以缓慢而稳定的节奏将其提供给大脑，使其消化，否则过多的信息就会被排斥、呕吐或者直接忽略掉。（这还没有考虑到大脑在学习时需要消耗的大量能量。）

我们还可以将大脑看作精英运动员——就连精英运动员也拥有自己的极限，过度劳累和消耗会使他们精疲力竭。如果我们不能管理好自己的能量，保持现实的学习节奏，我们就无法记住我们所学习的知识，我们花在学习上的时间也会白白浪费掉。

这就是我们需要考虑到的事情。所以，更多通常并不意味着更好。所以，人们常说"聪明比刻苦重要"。

最能成功体现这一格言的策略之一就是间隔重复。

间隔式复习

间隔重复又叫分散练习，你应该能猜到它的含义。

为了更好地记忆信息，你可以将重复和接触信息的机会分散在尽量长的时间段里。换句话说，在学习知识和技能时，每天学习一小时的效果比周末学习 20 小时要好得多。类似地，研究显示，一天看某件事物 20 次的效果远远比不上在七天时间里看这件事物 10 次的效果。这就是填鸭式学习的弱点。

这对于实践有何启示？间隔重复意味着每天 5 分钟对于学习和记忆的效果远远优于每周 1 小时。当你关注学习的频率而不是持续时间甚至强度时，你会学得更好。当你关注持续时间时，你常常会变成为了学习而学习，这对于你的整体目标常常是不利的。

你可以将头脑想象成肌肉。你不能不加休息地持续使用肌肉。类似地，你的头脑需要在概念之间建立联系，创建肌肉记忆，从整体上熟悉某个事物，这需要时间。研究显示，神经连接是在睡眠时建立的，这不限于思想层面。在睡眠时，你的大脑中会建立突触连接，树突也会受到刺激。

如果运动员在一次练习中用力过度，就像你在学习中想要做到的那样，那么这个运动员要么受伤，要么由于过度劳累而使练习后半段失去意义。对于学习来说，休息和恢复是必要的。有时，努力并不是唯一重要的事情。

所以，当你关注频率时，你突然拥有了清晰的实践组织结构。在没有计划的情况下，大多数人只会持续地学习和实践，直到眼冒金星，手指流血，累得精疲力竭，这种只用蛮力的学习方法并不明智。如果你遵循间隔重复计划，你就拥有了最优的学习时间表。

举个例子。假设你在学习西班牙历史时遇到了困难。当你遇到困难时，这意味着你应该加大频率。如果遵循只关注持续时间的学习实践时间表，你就会从周一一直学习到周日。下面是优化后的时间表，它更加关注频率。

周一上午 10 点。学习关于西班牙历史的初步事实。积累 5 页笔记。

周一晚上 8 点。回顾关于西班牙历史的笔记，但是不能仅仅被动回顾。一定要从自己的记忆中努力回想相关信息。同单纯的重复阅读和回顾相比，回想是更好的信息处理方式。这可能只需要 20 分钟。

周二上午 10 点。在不过多参考笔记的情况下回忆相关信息。在你无法通过主动回忆想起更多信息时，回过头来参考笔记，看看你漏掉了什么，记下你需要更加关注的内容。这可能只需要 15 分钟。

周二晚上 8 点。回顾笔记。这需要 10 分钟。

周三下午 4 点。试着再次独立回忆相关信息，并且仅在回忆结束时参考笔记，以查看你所忽略的内容。这只需要 10 分钟。一定不要跳过任何步骤。

周四晚上 6 点。回顾笔记。这需要 10 分钟。

周五上午 10 点。主动回忆环节。这需要 10 分钟。

观察这份时间表。可以看到，你在一个星期里只投入了 75 分钟的额外学习时间，但你却对整节课进行了 6 次回顾。而且，你可能会记住其中的大部分内容，因为你在主动回忆，而不是被动回顾笔记。即使你把时间留得充裕一些，将总时间翻倍，达到 150 分钟，和持续学习所花费的时间相比，这仍然只是一个零头，而这样做的效果却好得多。

如果你关注频率，掌握主动，你可以在短时间里取得惊人的进步。规划相对较短的学习时间段可以使你集中注意力，不会由于为一项任务分配大块时间而陷入懒惰。

你可以在下周一接受测试。实际上，你完全可以在周五下午接受测试。间隔重复使你的大脑有时间去处理概念，完成自己的连接和跳跃。

当你反复接触某一概念或技能时，会发生什么呢？在最初一两次接触时，你可能看不到什么效果。当你熟悉这一概念、不再走形式时，你开始在更深层次上考察这一概念，思考它的背景。你开始将它与其他概念和信息相联系，不再从表面意义上去理解它。

这不是机械行为，你必须主动而投入 —— 而这只能在短时间里做到。抽认卡片对此特别有用，尤其是当你不断洗牌并以不同顺序呈现卡片时。

另一个有用的方法是每次选择教材中的不同起始点，以便打乱顺序，避免每次浏览相同的内容。其思想是为你每天多次回顾的教材注入新鲜感和不同视角。

所有这些都是为了让你的短期记忆转变成长期记忆。所以，填鸭式学习和临时抱佛脚不是有效的学习方法。由于缺乏重复和深入分析，你只能将很少的知识转化成长期记忆。这种机械记忆不同于我们前面讨论的概念学习，它很快就会被我们遗忘。

从现在开始，希望你不再衡量花在某种知识上的小时数，而是衡量你的回顾次数。你的目标应该是提高回顾频率，而不一定是增加持续时间。你最好能同时做到这两点。不过，关于间隔重复的研究清晰表明，适当间隔更加重要。

间隔重复通常有两种不同用法。你可以将其用在初次学习上，也可以用它来避免遗忘，将知识牢牢地记在脑子里。上面的例子关注的是初次学习阶段，用于避免遗忘和强化记忆的时间表看上去则要简单一些。它会从战略上以足够多的次数触碰信息，以便将其刻印在脑海中，但是这个次数不会太多，以免浪费时间或者达到收益递减点（即你已将信息记住的时候）。

举例：周一，中午 12 点；周三，中午 12 点；周六，中午 12 点。我们的头脑不一定会记住超过必要限度的信息，它会尽快将信息丢弃，因此间隔刷新远远优于一天投入一大块时间的做法。

随着时间的推移，花园里的小路会被杂草覆盖。头脑中的记忆就像小路一样，它需要一定量的重复才能变得足够清晰，不会消失。即使是少量的重复也会增加小路的清晰度和持续时间。

即使你时间很紧，你也要知道，对于某种知识学习两次几乎总是好于学习一次。如果你想迅速加强记忆，提高技能，应该在每天睡前回顾 15 分钟。只要做到这一点，你就可以超越他人，取得更好的学习效果。如果你想获得更加详细的间隔重复和频率优化指导，请参考下面四点。

1. 复制关于西班牙历史的学习计划。一周七次听上去很多，但在现实中，你只需要额外投入一两个小时。这有助于你持续关注当前科目，对于头脑的信息吸收偏好加以利用。看一看你处在初次学习阶段还是牢记阶段，并对你的计划做出相应的调整。

2. 频率优先——至少在一周时间里每天一次，最好每天两次。用重复浏览教材的次数来衡量，而不是用花在上面的时间来衡量。和前面一样，根据你处在学习阶段还是牢记阶段对其进行相应的调整。

3. 每次主动学习教材，而不是走走形式。你可能需要通过不同的创意反复接触同样的内容。前面说过，你可以使用不同的起始点，不同的抽认卡片，或者以不同方式反复阅读相同的教材。在这里，你可以变换信息的输入方式。

4. 自我测试。不要蜻蜓点水，不要只是回顾、阅读和识别。如果你感觉太过轻松，这说明你的学习没有达到最佳状态。

强度、频率和持续时间

我们还要继续将头脑比作肌肉，因为它对于我们的微观计划很有启示。我们应该将空间和休息融入我们的时间表中。间隔重复可以说明这种做法的有效性，下面一点则可以说明它的绝对必要性。

　　为了更好地理解我们的头脑多么脆弱疲惫，想象你每天有一百个单位的能量。实际上，某些人每个月拥有的能量只有一百个单位。我们只能将有限的能量用在学习上，这还没有考虑到我们花在社交、工作和日常生活中的能量。

　　那么，如何制定节奏，以实现有效学习并避免过劳呢？在保存能量时，有 3 个可以操纵的因素：强度、频率和持续时间。

　　同轻松简单的学习相比，高强度和高难度学习会更加迅速地消耗你的能量。类似地，每次学习都会消耗能量，更加频繁的学习会更加频繁地消耗你的能量储备。此外，你学习的时间越长，每分钟消耗的能量就越多，不管你所学习的教材有多简单。因此，长时间学习必然会消耗许多能量。

　　强度、学习和持续时间都需要管理。你可以为每个因素分配 33 个能量单位，但这会将你的能量迅速用光。

强度与学习内容的难度有关，但它常常是由你在指定时间段里花费的精力决定的。阅读的强度不高，模拟测试的强度很高。你还可以用它来衡量你的预期——如果你想得过且过，学习强度就不会很高，但是如果你想追求完美，你就需要付出更多精力。你的预期越低，压力水平就越低，学习过程也会变得不那么累人。

在设置进度预期时，学习频率是你需要考虑的第二个因素。每次学习都会消耗能量。学习内容越困难，每次学习消耗的能量就越多。如果你想把所有空闲时间都用在学习上，结果就会事与愿违，因为你的头脑可能没有必要的空闲时间和空间，无法将新知识变成你自己的知识。头脑的运转是需要休息的！如果你感到很疲惫，无法思考任何事情，这说明你的学习频率可能太高了，你应该将节奏放慢一些。

持续时间是你在避免智能劳损时必须控制的最后一个因素。每次学习的持续时间越长，你最终的学习效率可能就越低。在过于漫长的学习中，你的头脑会在中途或结尾停摆，几乎无法理解和接纳新信息。记住，人类的能量储备是有限的。我们不能指望在一次学习中透支能量。更短、更频繁的学习常常可以使头脑得到休息和恢复，实现最佳学习进度。应该据此制订计划。

为遵守"吸收需要空间"的戒律，在学习时，你一次最多只能关注 3 个因素中的 2 个。一共有 6 种组合，但关注所有 3 个因素会使你精疲力竭，使你的头脑陷入无法吸收任何新事物的状态。

例如，如果你只关注强度和频率，你可以每天进行高强度学习，同时使头脑和身体得到休息和适当的恢复。要想进一步提高强度和频率，你可以每天多次进行 5 分钟的知识小测验。你几乎忽略了持续时间，但是由于这些短时学习具有很高的强度和频率，因此你最终可以学到更多知识。

如果你想延长学习的持续时间，那么你需要降低强度或频率——比如每三天两小时。为头脑留出它所需要的空间，你会得到你所希望的结果。

你也许很拼，但你的头脑跟不上。你必须在管理自己的学习时记住这一点，并在规划学习时间时考虑到这一点。

杰里喜欢学习哲学。他在几年时间里一直在阅读原著，能够理解历史上大多数伟大思想家的想法。他接下来想要研究的思想家是黑格尔（Hegel）。黑格尔有点特殊。历史上，有人曾指责他故意表述含糊不清的思想。不过，当你理解他的思想时，你会发现他的想法一点也不复杂，但是他的写作方式总是在绕圈子，而且常常以最复杂的方式表述他的思想。

所以，他的思想很难理解，这意味着对其作品的学习必然是高强度的——它会迅速消耗学习者的能量，因为学习者需要动用脑力思考这个人在用晦涩的语言表达什么思想。

不过，杰里下定了决心。他每天晚上留出几个小时的时间，专门用于读书。"我要每天晚上学习一章，"他说，"我很快就会把书看完。"

他不断阅读。起初，他常常停下来做笔记。他留出了添加个人想法的空间，偶尔写下书中语句的含义以及他所想到的其他思想和问题。一开始，他做得很好。他甚至很享受这一过程，因为这很符合他的风格。

不过，半小时后，他发现自己走神了。他的注意力无法集中。他在思考晚餐做什么，他的好友在做什么，他是否需要在近期内洗衣服。每当他发现自己走神时，他都决定要更加专注于学习，但他的走神现象却变得越来越频繁。

他坚定地斜眼盯着书本。当他督促自己时，他的沮丧感也在增长。随着学习的继续，每一页的阅读时间变得越来越长。20 分钟后，他发现他所阅读的文字已经无法入脑了。黑格尔刚刚说了什么？为什么他不能很好地理解书中的文字并做好笔记？答案很简单：他已经达到了疲劳点，任何人都无法在这种状态下学习。对于他所制定的长时间高频率学习计划而言，他的学习强度太高了。

随着时间的推移，你会发现自己的舒适区，知道自己在一次学习中强度不至于太高、频率不至于太高、时间不至于太长的范围。此时，你可以对三个因素做出平衡，以避免疲劳损伤，同时实现最佳学习效果。

记住，你的教材越复杂，学习这一科目需要花费的时间就越多。你每次学习的时间越长，你需要在两次学习之间留出的处理和吸收时间就越多。你可以将强度、持续时间和频率中的二者相结合，但是你永远无法将三者相结合。不要耗尽自己的精力，否则学习新信息和获取新技能所需要的时间就会变长，并且令人沮丧，这是没有必要的。记住，要想实现目标，你应该学得聪明一些，而不是一味蛮干。

画重点

- 我们在第一章提到，有效的自学没有真正的限制条件。这消除了关于学习和大脑运转的大多数流言，这是好事。唯一真正需要的是一项计划，用于确保你正在朝着学习目标前进并且能够实现这些目标。

- 本章介绍了微观计划的四个元素——也就是我们除了读书、听课和看视频以外真正需要做的事情。我们与信息的交互就是学习本身，我们必须关注学习方法。

- 微观计划的第一个元素是将信息转化成我们熟悉的事情。这是另一种非常主动的信息交互方式。大多数人通过潜移默化的方式被动吸收信息，但这效率很低。当我们用自己的语言表述信息和概念时，我们会以不同方式处理它们，即使这只是一种重复。为此，我们可以用"彼得四步法"记笔记（正常做注释，总结注释并提问，将信息与大主题相联系，然后重新总结，以便将上下文考虑进去），或者用结构化分析方法记笔记。涂鸦和绘画对于增进理解同样具有明显效果，而且与思维导图关系密切。最后，我们提出了一个指导原则：在学习时，我们应该用不到 50% 的时间摄取信息，并用更多的时间处理和分析新信息。

- 微观计划的第二个元素是将新信息和新概念与我们已

经熟悉的信息和概念相结合。这个步骤可能不是很自然，但你可以使用类比思维，用你已经掌握的信息创建具体实例，以增进理解。这两种方法需要你在概念上更加深刻地理解你所学习的知识。而且，它们可能会揭示更充分的知识层次。当你能够对新信息进行类比和举例时，这说明你已经掌握了新信息。

- 第三个元素是自我测试，从头脑中提取信息，而不是将信息塞进大脑。这可能违反直觉，但是我们参与的迷你测试越多，我们的记忆和学习效果就越好。这种方法被称为检索实践，因为你需要检索信息。虽然检索实践主要是通过抽认卡片实现的，但是我们必须知道，检索实践的关键是采取主动。我们越努力，我们的学习和记忆就越深刻。当你强迫自己学习时，你就会学有所成。这里没有捷径可言。

- 微观计划的第四个元素是节约脑力和体力。大脑像肌肉一样，不可能夜以继日地良好运转。避免过劳的关键技巧之一是间隔重复，它要求你关注学习频率而不是持续时间。事实证明，它比其他大多数常规学习计划更加有效。实际上，当我们试图为自己提供吸收间隔时，我们需要留意三个因素：强度、频率和持续时间。我们最多只能一次关注两个因素。所以，一定要做好安排，不要失败和过劳。

第三章　学习策略

克拉丽丝（Clarice）的公司准备举办慈善拍卖，以便为公司筹集资金。克拉丽丝的职责是查找公司资料，根据相关人士过去与公司的关系寻找潜在捐赠者，制作潜在捐赠者的名单并添加联系方式，向每个满足受邀标准的人寄送信函。

这项任务很简单，但克拉丽丝需要在不中断日常工作的基础上完成这项职责。虽然她能处理好日常工作，但她白天几乎没有空闲时间。

在两个星期时间里，她一直在上班，以完成日常工作。不过，老实说，她的专注时间很短，每工作不到 10 分钟就要看一下手机。她想专心工作，但是做不到。情况变得很复杂。在重压之下，她需要更多的休息，以恢复镇定和希望，但情况并没有好转。

在其他任务的影响下，她等了很长时间才开始处理新项目。她无法赶在邮寄邀请函之前把名单制作出来。最终，她向老板承认了自己的失败，并且接受了其他同事的帮助，以便及时完成任务。由于克拉丽丝无法管理好自己的专注时间和注意力，她没能完成自己的任务，拖了整个团队的后腿。

管理你的注意力周期

虽然学校里的一节课可以持续一个小时甚至更长时间，但人类并不善于长时间专注一件事情。在生理层面上，我们适合短时间关注许多事情，而不是只关注一个对象。当然，这是有理由的，因为我们需要在发现危险迹象时立即逃跑，以便维持生存。所以，从生理上看，我们的专注时间很短。我们必须在学习中考虑到这一点。

许多学者对于专注时间的具体长度进行了研究。在一项早期研究中，科学家注意到，随着时间的推移，学生在课堂上记录的笔记质量呈下降趋势。所以，他们提出，人类的专注时间是 10 到 15 分钟，过了这段时间，我们很难专注于眼前的信息。

　　另一项研究让受过培训的观察者观察学生在课堂上的走神现象。他们在三个阶段发现了走神高峰：最初的启动阶段、上课后的 10 到 18 分钟以及快要下课时。实际上，他们发现，到了最后 10 分钟，学生每三四分钟就会出现走神现象。他们的结论是，人的注意力随时间而下降，而且开始时有一段适应期，此时我们很容易走神。

　　在第三项研究中，研究人员向学生提供了计数器，学生在发现自己上课走神时需要按下计数器。这一次，研究人员让学生进入三种不同的课堂。一些学生需要听讲座，一些学生需要关注讲台上的演示，另一些学生需要参与问答。不管参与哪种课堂，每个学生都领到了计数器，上面有三个不同按钮。一个按钮用于记录不到 1 分钟的走神，一个按钮用于记录 2 到 4 分钟的走神，另一个按钮用于记录超过 5 分钟的走神。研究人员根据学生参与的讲座或演示为数据分类，以观察课堂风格对学生注意力的影响。

他们发现，大多数走神不超过 1 分钟，这意味着学生更容易暂时走神，而不是长时间分心。学生们在大部分时间里可以集中注意力。

他们还发现，走神现象比之前研究估计的 10 分钟要快。走神高峰出现在学生进入教室 30 秒后、"启动"阶段、上课 4.5 到 5.5 分钟、上课 7 到 9 分钟以及上课 9 到 10 分钟。随着时间的推移，学生的整体注意力继续以这种模式起伏，但是临近下课时的走神现象更多，每两分钟就可以观察到走神高峰。

这项研究最有趣的发现在于，科学家注意到，演示和提问教学模式的走神现象要少得多。当学生不是被动听讲，而是更加主动地参与到课堂中时，他们更容易专注，专注时间也要长一些。如果在听讲座之前上一节演示和提问模式的课，学生会更好地听讲，专注时间更长，走神也没有那么频繁。主动学习似乎可以吸引人的注意力，使他们更好地迎接随后更加被动的学习过程。

简而言之，人类的专注时间短得可笑。不管这些研究和数据多么简陋，研究人员至少有一个清晰的共识：人类的专注时间只有几分钟。不过，我们不能屈服于这个命运。我们不会一直受到固定专注时间的限制。通过使用主动有趣的学习方法，我们可以缩短走神的时间，大大提高学习效率。

上一章曾建议你考虑能量水平因素，你可以将这里的建议看作对于上一章的拓展。实际上，我们的学习能力几乎永远不会受到时间的限制，真正的限制因素常常是我们的精力和注意力。

番茄技巧及其他

番茄技巧可以帮助你摆脱干扰，进入高度专注状态。更妙的是，这种方法可以提醒你定时休息，使你保持清醒，最大限度地提高效率。

番茄技巧是在 20 世纪 90 年代由程序员、作家兼企业家弗朗西斯科·奇里洛（Francesco Cirillo）提出的。奇里洛发现，如果他将工作时间划分成由番茄形计时器计量的比较短的时间段，他的工作专注度就会提高。随着时间的推移，他甚至发现，他的专注时间得到了延长，长时间专注于单一项目的能力也得到了提升。

而且，有计划的定时工作制度使他可以定时休息，这提高了他的工作动力和解决问题的创造力。由于他在整个过程中使用了番茄形计时器，因此他把这种新方法命名为番茄技巧。

如果你也想提高效率、注意力和专注度，同时有时间休息和恢复，番茄技巧就是你的完美之选。下面是具体步骤：

第一，选择一项需要完成的任务。如果你有多项任务需要完成，或者你的任务漫长而复杂，你需要将工作分解成可以在 25 分钟里完成的小任务。当然，对我们来说，这些任务总是与学习有关，不管是摄取、分析还是处理信息。

例如，如果你想阅读一本书，你可以根据阅读速度将其划分成 25 分钟的小节。你可以将每一节的篇幅定得稍微多一点。你总是可以在计时器响起时继续工作，但是如果你在给定时间内把事情做完，那么你接下来要做的事情就必然会被打断。这是你不希望看到的！

第二，将计时器设置为 25 分钟。这是你在没有休息和中断的情况下连续工作的时间长度。

奇里洛相信，可以调节到 25 分钟的物理计时器是最好的选择，因为手动调节计时器可以带来一种仪式感，它会从物理上使你做好工作准备。为了将这一元素添加到学习中而购买计时器是值得的。

第三，在计时器响起之前持续工作或学习。当计时器响起时，你可以在一张纸上打钩或者贴标签，以便知道你在一天里工作了几个时段。这样一来，你可以跟踪进度，知道你为当前项目投入了多少时间。

你可以在工作和学习区域放置一块白色书写板，或者在墙上贴一张纸，以跟踪进度。重点是时刻知道你在做什么，并为你所完成的时段而自豪。不间断的连续工作是一件值得自豪的事情！

第四，休息片刻。5 分钟是不错的休息时间，但它不需要非常精确。重要的是休息一下，伸伸懒腰，让自己进入状态，迎接下一个时段。不要休息太久！

当你完成一个时段时，你可以看一段 YouTube 视频，散散步，或者倒上一杯水、茶或咖啡。站起来、走一走和放松头脑是你每天都要做的事情。不要走得太远，不要去做任何超过 5 分钟的事情。

第五，每四个时段之后进行较长的休息。这种休息可以持续 15 到 25 分钟，这是为了让你休息和恢复。当你感到精力充沛，可以开始下一时段时，你就可以停止休息了。这是你真正放松一下的机会。你可以放松头脑，但你要知道，你可能要继续工作四个时段。

在此期间，你可以看看闲书，浏览你最喜爱的社交媒体网站，甚至打个盹。由于休息时间较长，你可以有更多的娱乐选择。在四个时段之后，你可以问心无愧地休息了，因为你已经在这一天进行了很长时间的学习。

这种高效方法的一个重点在于，每个工作时段是不容破坏、不可分割的。只要开启计时器，你就不能分心了。如果你在一个时段里做其他事情，你就不能将其看作有效时段了。如果你被打断，或者发现自己没有在工作，你就需要终止这个时段，并在做好准备时重新开始。这种方法的重点在于训练自己，让自己变得高效，在整整 25 分钟时间里保持专注。如果你没能做到这一点，你需要重新开始，直到你的头脑习惯于这种节奏。你早晚会习惯这种节奏。此时，你很容易在整个时段里保持专注，高效工作。

来自他人的干扰比较难以控制，但奇里洛提出了解决这一问题的方法。他的建议是遵循"通知、协商、回复"策略，以处理不合时宜的干扰。这一过程包括四个步骤。

首先，对于找到你的人，告诉他你现在很忙，暂时不能停下手里的工作帮助他们。

其次，在可以联络他们的时候和他们协商，以便让他们知道，你不会为了工作而忽略他们的需要。

再次，安排跟进时间。设置回复他们的具体时间，以便让他们安心，使他们更愿意终止对你的打扰。

最后，在你的时段结束时给他们打电话。由于你推迟了他们的请求，因此你需要主动去找他们，满足他们的需要。

这种方法不需要很复杂。只要说"我不能中断现在的工作。我能在 10 分钟后（当前时段的剩余时间）给你打电话吗"，你就能完成其中的三个步骤。之后，你只需要在计时器响起时给他们打电话。此时，提醒你停止工作的计时器还可以提醒你联系对方！在有过一两次这样的经历之后，你的同事、家人和朋友就会理解你所做的事情，相信你会很快给他们打电话，并且允许你不受打扰地将工作时段继续下去。几乎任何合理请求都不会急迫到不能等待 25 分钟甚至两小时的地步。唯一迫切的事情是你不受干扰的工作方式。

记住，虽然你需要严格遵循 25 分钟的连续工作制度，但你并不是在服刑。你完全可以在计时器响起时继续工作，前提是你记得在完成当前任务时暂停一下。这种休息可以使你恢复状态，在一天中的任何时候做好工作准备，从而提高效率。先工作，后休息。

在使用番茄技巧一段时间以后，你可以将时间长度翻番，实行 50-10 规则，以进一步增加专注时间，提高专注度。你可以将计时器设置为 50 分钟而不是 25 分钟，并在结束时休息两倍的时间长度。这样做的好处是，休息、恢复和追求其他兴趣的时间是相同的，但你专注高效工作的能力可以得到更好的锻炼。能在不休息和不被打扰的情况下在更长时间里完成更多工作总是一件好事。你应该为此而努力。

当 50-10 规则变得简单而可控时，你可以再前进一步，使用 60-60-30 方法。

60-60-30 方法指的是两次工作 60 分钟，然后休息 30 分钟。具体地说，你需要连续两次使用 50-10 方法，然后休息 30 分钟。在工作和休息时设置计时器，这样你就不需要看时间了。此时，连续工作或学习 50 分钟应该是一件比较轻松的事情。这种方法进一步加强了定时制度，同时提醒你在完成工作时及时休息，保持状态。

总体来看，你应该知道为什么这些方法可以成功解决专注时间的问题。要想有效学习，你必须首先做到专注。

改变场所

改变场所听上去与记忆和学习没有什么关系。那么，为什么它会出现在本章的这个位置呢？

我们的记忆不是只在我们有意识回忆时才会被触发。它们有时会被无意识触发，因为它们与我们形成记忆时存在的每一件事情都有关联。所以，气味和歌曲可以立即将我们运送到另一个时间和地点。这些气味和歌曲存在于记忆形成的时候，因此单一记忆可以拥有多个触发因素，这些触发因素可能是有意识的，也可能是无意识的。

我们的相当一部分认知和思维是无意识发生的，将其排除在学习实践之外是很愚蠢的做法。难道原脑的作用仅仅是向我们传递饥渴信号吗？为什么不能用我们的原脑帮助我们记忆事实和概念呢？

这种策略所依据的现象是，在不同场所和环境学习相同的内容有助于记忆。这种记忆叫作情境依赖记忆，它的依据是，学习不具有很大的排他性。实际上，学习具有很大的包容性。

罗伯特·比约克（Robert Bjork）通过研究发现，我们对信息的记忆和编码是全面的。这意味着如果你在水族馆学习西班牙历史，你的记忆就会下意识地将二者联系起来。你的记忆也会将其与你当天的穿戴、饮食、水族馆的气味以及周围的明显视觉特征相联系。对你的记忆而言，它们与你试图记忆或学习的具体信息是捆绑在一起的。对于大脑来说，来自教科书、感官和环境的信息是没有区别的。

这意味着两件事。

首先，只要暴露在相同气味和视觉刺激下，你就可以唤醒关于西班牙的记忆。如果这些气味和视觉刺激是你整体信息记忆的一部分，它们就可以使你想起其余信息。换句话说，如果你曾在水族馆学习西班牙历史，那么水族馆图片完全有可能使你回想起你所学习的关于西班牙的信息。许多无意识关联可以触发你想要回忆的信息。

其次，如果你在学习和处理信息时频繁改变场所，你就可以强化记忆，因为你的记忆会与多个场所、气味和其他刺激因素相关联。研究人员称之为"增强型神经支架"。简单地说，关于西班牙的一个知识点可能对应于 10 个不同的环境因素，它们都可以帮助你回忆这个知识点。触发记忆或信息的刺激越多，你的记忆就越深刻，就像不断变大的蛛网一样。

这对你意味着什么？在学习相同信息时，你应该尽量频繁地改变场所。如果你不能完全改变环境，你可以改变桌面物品、背景音乐或者任何影响五种感官的事情。刺激的改变越多，信息在头脑中的存储就越深刻。

科学家发现了相关联记忆的其他联系。蒙特克莱尔州立大学的鲁思·普罗佩尔（Ruth Propper）发现，就连紧握右拳这种肌肉收缩也可能与同一时间获取的信息和记忆存在下意识关联。一组参与者在执行记忆任务时用右拳握球，其他小组要么没有球，要么紧握左拳。

第一组的表现每次都是最好的。为什么？这类似于改变场所对记忆的强化，因为刺激越多，信息的线索就越多。你可以将这些现象看作在你的头脑中修建更多条通往目标信息的道路。每当你改变场所或者将信息与其他事物相联系时，你都是在修路，这些道路可以起到方便访问和加深记忆的作用。

例如，你从上午9点学习到下午3点，共计6个小时。你可以每两个小时改变场所。这有助于情境编码和检索。更进一步，你可以为每个场所添加不同的温度、声音、气味和视觉元素——五种感官中的每一种都可以帮助你记忆和回忆。

为充分利用这些科学研究结果，你可以在学习时暴露在不同的情境、场所和背景中。每一两个小时改变学习的场所和刺激因素。将事情混搭起来，形成移动的习惯。记住，这样可以使信息更加深刻地扎根于你的头脑中，方便回忆。

我们通常会避免被动接收信息，但它在这里对我们有利——对于间接信息而言。你甚至不需要特别关注环境因素。只要待在那里，你就会自动受益。

构建生动的画面

在脑海中构建生动的画面——你知道为什么这有助于学习吗？下面是一个简单的例子。当你回忆过去一年时，你能想起无聊的事情还是激动人心的事情？当然是激动人心的事情，因为它对你产生了影响。我们可以在每天的学习和记忆过程中复制这件事。

大量研究显示，视觉线索可以帮助我们更好地检索和记忆信息。关于视觉学习的研究结论很有道理，因为我们的头脑主要是图像处理器而不是文字处理器。实际上，头脑中处理文字的部分比处理视觉形象的部分小得多——大约30%的区域专门用于处理视觉形象。

文字很抽象，记忆起来比较困难，视觉形象则是具体的，因此更容易记忆。

为说明这一点，假设你每周需要学习一组新词汇。现在，回想你的第一次接吻或者高中舞会。你很可能需要非常努力地记忆词汇。相比之下，当你第一次接吻或者参加高中舞会时，你并不会刻意将其记住。不过，你可以迅速而毫不费力地想到这些经历的画面（即使已经过了很多年）。你需要感谢大脑中出色的视觉处理器，它可以轻松记忆生活中的经历。你的大脑可以自动记住这些事情，你甚至没有意识到它在工作。

无数研究证实了视觉画面在学习中的威力。例如，一项研究要求学生记忆许多组词语，每一组包含三个词语，比如狗、自行车和街道。通过不断重复来记忆这些词语的学生在回忆时表现得并不好。与之相比，对三个词语进行视觉联想的学生在回忆时的表现要好很多，比如想象狗在街道上骑自行车。

视觉的有效使用可以缩短学习时间，增进理解，促进检索，加强记忆。如果我们的大脑是面向视觉的，通常可以记住生动、形象、鲜明的信息，那么我们就应该将二者结合起来。在头脑中构建生动画面有助于记忆。

例如，假设你想要记忆 8 个对象：兔子、咖啡、毯子、头发、仙人掌、跑步、山脉和茶。

这些事物很难记忆，因为它们没有关联。不过，你可以在头脑中为每个项目创建生动鲜明的形象，以加强记忆。这些形象不需要精确体现词语的含义，甚至不需要与词语存在相关性。

例如，你能为兔子创建什么形象呢？你可以使用正常的可爱兔子作为精神意象，但它在你的记忆中并不独特。你可以根据兔子一词使你想到的事情、符号、这个词语的声音特征和写法构造一个形象。这个形象越是不同寻常，记忆效果就越好，因为我们很容易忘记正常的事情。

当你将这一思想应用于上述 8 个项目时，你可以更有效地记忆它们。你不只是在利用大脑的工作方式，你是在用专注和时间去选择合适的精神意象。我们前面讨论过涂鸦的威力，它既可以激活我们的视觉处理神经元，又可以让我们将更多时间和精力投入绘画练习中。重要的不是涂鸦和形象本身，而是你所给予的关注和你所投入的时间。

你可以将其应用于清单、信息甚至难以掌握的概念。当你习惯于为信息构建生动画面，使你对其留下深刻印象，而不是只考虑信息的表面意义时，你可以获得更好的记忆。不要仅仅通过耳濡目染的方式学习！

你还可以采用另一种形式构建生动画面。你对无聊电影的印象更深刻，还是对激动人心的电影印象更深刻？当然是后者，因为它对你产生了冲击。简单地说，它令人难忘。

所以，让我们举个例子，以便使你立刻感受到一个生动故事的效果。

首先，试着以下面的顺序记忆这些词语：兔子、咖啡、毯子、头发、仙人掌、跑步、山脉、茶。

现在，取出一张纸，根据这些词语的出现顺序将它们默写下来。看一看你能记住多少词语。

大多数人可以记住三到四个词语。如果你能超过这个数字，这很好。你可以看到，仅仅依赖自然记忆不是一个好主意。如果你能写出一半的词语，这就已经很不错了。不过，对于学习来说，这相当于不及格！

现在，我们要使用技巧，编造一个涉及所有词语的故事。当你不是试图记忆枯燥的事实，而是在词语之间创建有意义的联系时，你可以获得更好的记忆。一个故事可以将 8 个信息片段转变成一大块信息，这与本书前面提到的将新旧信息相联系非常类似。

通过为这些词语编造故事，你可以更加轻松地以正确顺序记住所有词语。你能为这些词语构造怎样的故事呢？和前面的方法类似，故事越离奇，记忆效果就越好。生动的事物容易留存在记忆里。所以，你需要努力想办法，让它们在你头脑中留下深刻印象。

提醒一下，这 8 个词语是：兔子、咖啡、毯子、头发、仙人掌、跑步、山脉、茶。

举例如下。兔子由于销售伪装成咖啡的毒品而入狱。他把毯子和头发绑在一起，做成武器，试图攻击狱友。一天，他在监狱操场跑步时发现了仙人掌。他用仙人掌换了 3 千克茶叶，逃到了监狱旁边的深山里，再也没有出现。

每个词语都是一个大脑触发器，可以帮助你想起下一个词语。同样的道理，当你听歌时，每句歌词都可以使你想起下一句歌词，所以你能想起一首歌的所有歌词。

这种技巧的主要原则是让每个项目变得独特（想象），并将其与下一个项目相联系（关联）。你的故事越疯狂，效果就越好。故事越独特，它就越能深刻地印在你的脑海里。当你编造故事时，应该在头脑中用尽量多的颜色和运动元素想象其画面。将故事练习两三遍。接着，进行自我测试，看一看你能记住多少词语。我之前说过，这些增进记忆的技巧非常有效，因为它们反映了记忆的工作方式。

重要的是在无意义、无关联的事实和信息中创建意义，以方便记忆。

提问专家

最后，我们来看一个重要策略——如何成为提问专家。

成为提问专家的重要性是毋庸置疑的。我不想卖弄学问，也不想和谁辩论。我们说过很多次，你不能指望信息来教导你，或者对其自身进行解释。这个任务最终总会落到你头上。如果你没有掌握和理解讲座、书籍或视频中的内容，那么你显然不能通过反复阅读同样的段落得到答案。

你必须通过自己的努力研究将其弄懂。这有点像老鼠通过按压杠杆不断电击自己的心理实验。这种做法没有取得任何进展，因此显然需要改变。这很好地说明了应该巧妙工作而不是一味蛮干的道理。没有人会否认老鼠很努力，但其结果却很成问题。

假设两个人阅读同一本关于西班牙历史的书。金博（Jimbo）阅读和回顾书中的信息。他做了笔记，可以轻松通过关于这一科目的测试。他的回答就像玉米面包食谱一样简洁。他得到了 B⁺。金博干得不错。

昆瑙（Kunal）阅读了同一本书，但他只读了一两次，将其余时间用于更加深入地理解西班牙征服者和国王的理由和动机。他在同样的测试中得到了更好的 A⁺，因为他的理解比金博更加深刻。他的回答更像是论文。虽然他忘记了一两处细节，但他通过更加深刻的理解做出了颇有见地的论述和判断。

为了达到这种状态，他提出了探索性问题并用它们探究事实和信息背后的意义。他用自己的问题对信息进行处理和咀嚼。他发现，如果他提出合适的问题，他甚至不需要知道所有事实，因为他可以预测征服者的行为。昆瑙干得不错。

有人说，在学习中，你提出的问题比答案重要得多。实际上，关于工作面试也存在同样的建议：你总是应该用"智慧型问题"证明你对于这家公司拥有比较深刻的理解。

信息的机械记忆有时是我们的目标，但是如果我们想要实现更加深刻的理解，我们就应该从提问开始。问题可以将平面信息转变成与现实世界相交互的生动的三维知识。这是任何事实或信息的现实。为了追求速度或效率，我们通常会忽略信息背后的故事。提问意味着在面对一个主题时发现你不知道的事情，愿意承认你的理解是完全错误的。只有理解信息的背景和上下文，你才能实现有意义的学习。

　　换句话说，良好的问题可以使我们获得立体理解。以教材为例。教材必然是宽泛的，不可能覆盖所有相关细节。如果我们完全接受书中的内容，我们就会走上单一路径。如果我们提出问题，我们就可以看到，这种路径本身存在曲折迂回之处，甚至可能不准确。你可以生成不同探询路线。你知道存在多条路径，每条路径都拥有自己的视角。通过提问，我们可以澄清误解，巩固我们已经掌握的知识。最终，我们可以更加细致准确地理解同一本教材。

　　幸运的是，几千年前的老师们已经知道了这一点。生成深刻问题最有用的框架来自苏格拉底本人，这位古希腊哲学家最有名的身份是柏拉图的老师，他由于"腐化年轻人的思想"而被政府处决。他的教学方法以对话和提问为主，被恰如其分地称为苏格拉底方法。

　　归根结底，苏格拉底方法指的是不断提出问题，以剖析某种说法，实现更好的理解。提出问题的人看起来像是在诘难对方，但是这种提问是为了丰富正反双方的观点，揭示隐藏在当前说法背后的假设和动机。通过这一过程，我们拥有了有效的提问框架。

假设你提出一种说法，你获得的唯一回复是某种冷嘲热讽："哦，是吗？那什么和那什么又怎么说呢？"遗憾的是，这种带有万金油腔调的提问是正确的。

美国高校的法学院以使用苏格拉底方法著称。教授会向学生提出一个问题，学生需要就某种观点或法律的优点反驳教授的诘问，为自己的说法辩护。这种形式本质上没有对立性，但它会迫使某人解释自己的理由和逻辑——当然，知识空缺和逻辑缺陷很可能会因此浮出水面。这一过程可以增进理解和洞察。它可能会导致对方为了辩护而辩护，尽管它本身不具有攻击性。

那么，除了提出一系列严厉的问题，让人们感到不舒服以外，苏格拉底方法到底有什么用呢？当你亲自采用这一方法时，你是在强迫自己理解当前知识。你是在进行高强度的压力测试，以拷问自己和自己的逻辑。你不得不丢弃自己的假设，思考自己可能忽略了哪些事情。如果你受到了无情的苏格拉底式提问和抨击，最终结论将得到深刻的理解和有效的验证。如果你的思想存在错误或者理解存在空缺，它将通过反驳得到发现、纠正和证明。这才是深度学习。

作为一个简单的例子，假设你告诉某人，天空是蓝色的。

这似乎是无可置疑的说法，很容易得到证明。天空显然是蓝色的。你小时候就知道这一点。你每天都会在户外看到蓝天。你曾对别人说，他们的眼睛像天空一样蓝。不过，别忘了，我们提问的目标是对于天空的蓝色属性获得更多知识。所以，假设某人问你，为什么你觉得天空是蓝色的。

这个问题有许多回答方式，但你回答说，你知道天空是蓝色的，因为它反射了海洋的颜色，而海洋是蓝色的。这种说法是错误的。提问者问道，你怎么知道它反射了海洋的颜色？

你怎样回答呢？

这段简短的苏格拉底式提问揭示了一个事实：你不知道为什么天空反射了（或者不反射）海洋的蓝色。你想要解释这个隐性假设，但你有些吃惊地发现，自己毫无头绪。

简单地说，这就是苏格拉底方法的重要性。当有人向你提出一系列没有恶意的简单问题时，如果你做出诚实恳切的回答，你就能发现一些你自以为知道但其实并不知道的事情。这常常和知道你掌握哪些知识同样重要，因为它揭示了你的盲点和弱点。老师将它作为教学工具，所以它是专门用于增进理解和澄清误解的。

R.W. 保罗（R. W. Paul）描述了 6 种苏格拉底式问题。只要简单看一看这份清单，你也许就能理解为什么这些问题有助于学习，可以使你填补知识空缺。

这 6 种问题是：

1. 澄清式问题 —— 它到底有什么影响？

2. 探索假设 —— 可能存在哪些隐性假设？

3. 探索原理、理由和证据 —— 有哪些已经得到证实的证据？

4. 拷问观点和视角 —— 存在其他哪些视角？

5. 探索意义和后果 —— 这意味着什么？有什么意义？它与其他信息有何关联？

6. 拷问问题本身 —— 这个问题有什么重要性？

澄清式问题：你所说的话到底是什么意思？这段信息是否存在隐性动机或意义？他们希望借此实现什么目标？假设我们提出了天空是蓝色的说法。为了澄清理解，挑战对方的思想，你可以提出下面的问题。

如果天空是蓝色的，这对你有什么影响？

- 它对你有什么意义？
- 这里的主要论点是什么？
- 这个论点到底是什么意思？

- 它与其余的讨论有什么关系？
- 你为什么这么说？

探索假设： 这些观点基于哪些假设，受到哪些证据的支持？有哪些观点和信仰？有哪些基于证据或者以其他方式证明的事实？你总会遇到一些可能准确也可能不准确的内在假设，除非你在阅读科学论文。

- 你所说的蓝色是我所说的蓝色吗？
- 你为什么认为天空是蓝色的？
- 你如何证明或验证这一点？
- 它究竟从何而来？
- 你凭什么相信天空是蓝色的？
- 你如何证明天空是蓝色的？

探索原理、理由和证据： 你如何知道证据是有效和可信的？它们可以得出什么结论？你具体使用了哪些推理和证据？你可能漏掉或忽视了哪些事情？

- 天空的颜色有什么证据？它有什么可信度？
- 海洋的反射究竟是如何为天空染色的？
- 有例子吗？
- 为什么你认为这是真的？
- 如果这个信息存在错误或缺陷呢？
- 你能告诉我理由吗？

拷问观点和视角： 人们几乎总是根据某种具体的偏见提出自己的观点或说法，所以，你应该唱黑脸，始终对他们提出的观点持怀疑态度。询问为什么相反的观点和视角没有得到支持，为什么它们是错误的。

- 以其他观点来看，你的证据还能得到怎样的解读？
- 为什么这种研究最能证明天空是蓝色的？
- 你不能以同样的方式证明天空是红色的吗？为什么？
- 这种说法的潜在缺陷是什么？
- 这种观点的对立面是什么？
- 为什么是海洋为天空染色，而不是天空为海洋染色？

探索意义和后果：结论是什么？为什么？它还可能意味着什么？为什么会得出这个具体结论？它会导致什么后果？为什么？

- 如果天空是蓝色的，这对反射意味着什么？
- 谁会受到天空颜色的影响？
- 这种信息意味着什么？有什么后果？
- 这个发现暗示了什么？它还有什么影响？
- 它与更加宽泛的主题或叙事有何联系？
- 如果天空是蓝色的，这对海洋意味着什么？
- 你的证据和研究还能证明地球上的哪些事情？

拷问问题本身：当你向自己提出这个问题时，它的效果不是很好。如果向别人提出这个问题，你就会迫使他们思考为什么你会提出这个问题或者以这种思路提问，并且意识到你想要使他们想起一些事情。当你提出这个问题时，你想要说什么？为什么你询问的是这件事而不是那件事？

- 你觉得为什么我会询问你对天空颜色的看法？

- 当我问你这件事时，你觉得我想干什么？
- 你觉得这种知识在其他方面对你可能有哪些帮助？
- 这种知识如何应用到日常生活以及我们之前讨论的事情之中？

乍一看，这有点像车轱辘话，但它是有道理的。这些问题看上去可能很相似，但是如果得到正确而恰当的回答，它们可以导向不同路径。在蓝天的例子中，有 20 多个不同问题——它们都在探索"天空是蓝色的"这一简单说法。你几乎可以想象当事人有多吃惊，因为他发现自己几乎一无所知，只能说出一组缺乏背景和理解的有限的事实。

你可以用苏格拉底方法确保你已经理解了你认为自己理解的事情。你可以将其看作自我检查和复核的系统性程序。最终结果总是成功的，因为你要么可以证明自己已经掌握了知识，要么可以弄清自己有哪些欠缺。

假设你听朋友说，西班牙异端审判是一种比较柔和的人性化过程，其伤残和鞭笞是非常人道的（根据不同说法，其平均死亡总人数在 10 万人左右）。此时，你可以用苏格拉底式提问来纠正错误。作为提醒，6 种问题是：

1. 澄清式问题 —— 它到底有什么影响？

2. 探索假设 —— 可能存在哪些隐性假设？

3. 探索原理、理由和证据 —— 有哪些已经得到证实的证据？

4. 拷问观点和视角 —— 存在其他哪些视角？

5. 探索意义和后果 —— 这意味着什么？有什么意义？它与其他信息有何关联？

6. 拷问问题本身 —— 这个问题有什么重要性？

为检验这种说法的真实性，你可以这样问：

- 你所表述的意思到底是什么？它有什么影响？

- 这种说法的依据是什么？

- 你为什么认为它是真的？有什么证据？

- 谁持有这种观点？为什么？它的对立面是什么？为什么？

- 它对整个西班牙历史意味着什么？所有历史教科书都错了吗？这种知识还会有什么影响？
- 你觉得我为什么要问你这些问题？

如果用苏格拉底式问题加深对于大脑结构等主题的理解呢？实际上，问题不需要改变——你可以用同样的方式通过上面6个问题加深对于大脑结构的理解。这是一个学习、理解和发现漏洞的过程。苏格拉底式问题不就是用于这个目的的吗？

还有一个框架叫作布卢姆分类法，可以帮助你成为提问专家。它是本杰明·布卢姆（Benjamin Bloom）在1956年提出的（在2001年得到更新），用于衡量大学生的学习成绩。从那时起，它一直是学术机构设计课程的重要框架，用于确保学生获得充分的理解。在本书中，它可以帮助我们更好、更主动地和信息互动。

它的主要观点是，为实现最高水平的理解，我们必须完成6个等级。大多数人永远无法完成所有分类等级，所以你要避免自己陷入这样的命运。

目前，从最低水平到最高水平的理解等级分别是：

- **记忆**。从头脑中的长期记忆库里检索、识别和回忆相关知识。
- **理解**。通过解读、举例、分类、总结、推测、比较和解释等方式从口头、书面和图像信息中构建意义。
- **应用**。将执行或实施程序付诸实践。
- **分析**。将教材分解成不同部分，通过区分、组织和归因，确定各部分的相互关系及其与总体结构或目的的关系。
- **评估**。通过检查和评价，做出基于标准的判断。
- **创建**。将各元素组合起来，形成连续或可以运转的整体；通过生成、规划或制造，将各元素重组为新的模式或结构。

当你达到"创建"这一最高等级时，你可以认为，自己已经掌握了某一技能。如果没有达到分类系统的某一等级，你就不能很好地追求后面的等级。

在理解一个概念之前，你必须将其记住。要想使用一个概念，你必须首先理解它。为了评估一个过程，你必须先进行分析。要想创建准确的结论，你必须首先完成充分的评估。

与每个等级相对应的战略问题可以帮助你核对自己的知识。下面这张图来自 Flickr 用户 Enokson，它很好地展示了提问的威力。

3 应用 事实、规则和原则的使用	应用 计算 总结 构建	演示 确定 推断 寻找	举例 说明 制作 操作	展示 解决 制定规则 使用
	＿＿＿为什么是＿＿＿的例子？ ＿＿＿和＿＿＿有什么关系？ ＿＿＿有什么重要性？		你能再举一个例子吗？ 它能发生在＿＿＿领域吗？	
4 分析 将整体分解为组成部分	分析 分类 归类 比较	对比 辩论 演绎 确定因素	画图 区分 剖析 区别	检查 推测 详述
	＿＿＿有哪些组成部分或功能？ 根据＿＿＿为＿＿＿分类。 对＿＿＿进行总结/制表/绘图/映射。		你能再举一个例子吗？ 它能发生在＿＿＿领域吗？	

5 **综合** **将不同思想组合成新的整体**	改变 合并 组合 构建 创建 设计	寻找不同寻常的方式 规划 生成 发明 原创 计划	预测 模拟 制作 重新安排 重建 重组	修改 建议 假设 可视化 书写
	你能根据____做出哪些预测／推测？ 你能为____补充哪些思想？ 如何创建／设计新的____？		你能为____提出哪些解决方案？ 如果将____和____组合起来，会发生什么？	
6 **评估** **提出意见、判断或决定**	鉴定 选择 比较 总结	确定 辩护 评估 给出你的意见	判断 证明 优先处理 排序	评分 挑选 支持 评价
	你是否同意____？请解释。 你如何看待____？ 最重要的是什么？		根据____优先处理____。 你如何判断____？ 你用哪些标准来评估____？	

画重点

- 在理解了将信息有效地装入头脑的 4 个重点之后，我们可以用一些策略来支持它们。

- 我们必须管理自己的专注时间和总体精力水平。头脑也与肌肉类似，有时不太强壮，或者弹性不太好。我们很容易疲惫和走神。我们必须考虑到这一点并进行相应的规划，比如使用间隔重复技巧。最有效的方法之一是使用番茄技巧，即工作 25 分钟之后休息 5 分钟。最好将这种模式重复 4 次。如果你适应了这种安排，你可以改成工作 50 分钟后休息 10 分钟，甚至可以使用 60-60-30 方法，即工作 50 分钟，休息 10 分钟，工作 50 分钟，休息 40 分钟。

- 记忆和学习依赖于背景。这意味着我们的物理环境和场所也会成为记忆的一部分——毕竟，对于头脑来说，来自教材的知识信息和来自面包店的味道信息没有区别。我们应该利用这一点，在学习和记忆时改变场所。你可以将其看作创建更多钩子，以便将信息挂在大脑里的过程。

- 构建生动画面有助于记忆。我们不善于记忆无聊的事情。相反，我们擅长记忆生动鲜明的事物。所以，在学习和记忆过程中，你应该试着为无聊的信息想象出生动的画面。你甚至可以绘画或涂鸦。我们还应该利用这种策略编故事，以帮助记忆。我们的头脑有 30% 专门用于处理视觉画面，所以这种方法才会如此有效。

- 最后，你应该成为提问专家。信息和理解不会自动降临在你身上。你通常需要将其掌握在自己手中。提问可以将平面信息转化成与整个世界互动的生动的三维知识。这适用于一切事实和信息，我们常常忽略它们背后的故事。提问意味着发现某一主题中你所不知道的事情，承认你的理解可能完全是错误的。只有当你理解信息的过程和背景时，你才能实现有意义的学习。

- 你可以采用苏格拉底式提问法，它包含 6 种问题，可以使你更加详细地审视自己的假设和隐性动机。你也可以参考布卢姆分类法提问，这有助于信息分析和评估。

第四章　应对障碍和失败

当你既要做学生又要做老师时，即使拥有最好的技巧和良好的学习计划，学习新事物也是一件很有挑战性的事情。这不是因为学习内容本身；我们介绍的技巧的确可以帮助你解决和克服关于学习内容的一切困难。真正的挑战是克服我们的自我怀疑、焦虑和极易气馁的普遍倾向。

本章将会提出一些忠告，以帮助你摆脱那些阻止你前进的思想和情绪。我们会学着克服那些导致我们自暴自弃的障碍。我们在第一章看到，一些流言会使我们失去信心，阻碍我们前进。不过，负面的心理状态、情绪和内心的声音远较任何敌人更具破坏性。如果这些事情在学习上对你的影响如此之大，它们在生活上对你的影响又怎么能小得了呢？

拖延的恶性循环

我们必然会面对的第一个障碍是根据心情将事情推迟到明天、较晚时候或者其他时间的难以遏制的冲动。

要想有效克服拖延症，我们必须理解它所在的循环，弄清它是如何让我们远离教材、笔记和讲座的。

在某种程度上，循环的存在是个好消息，因为它意味着克服拖延症的重点不是深入自己的内心，依靠自己的决心完成工作（尽管这一点有时是无法避免的），而是理解懒惰循环，在你深陷其中之前打破循环。

这就好比说，你可以用某个物理学公式解决一个问题，而不是每次遇到同一个问题时尝试不同解决方案。当你知道自己在寻找什么时，你的效率可以得到很大的提高。在实践中，这意味着做自己应该做的事情不再变得困难重重。

拖延循环有 5 个主要阶段，它们可以解释为什么你迟迟不肯行动，尽管你明明知道不应该这样做。它们还可以解释你是如何为自己的不行动找理由的，甚至可以解释你下次更加坚决地不行动的原因。下面以阅读教材为例。

1. **无益的观念或杜撰的规则**："人生苦短，所以我应该享受人生，不应该将宝贵的时间花在阅读无聊的教材上！毕竟，只有在教授很懒时，教材才能派上用场。"

2. **增长的不适**："我宁愿不看教材。看书无聊而令人不快。我知道两个小时后要上课，但我可以再等等。"

3. **降低心理不适的拖延借口**："我不看教材是完全有理由的。天太热了。我需要先降温，不能热死。我相信班上的其他人也会有同样的想法，没有人会阅读教材。"

4. **降低心理不适的回避活动**："我还要清理浴室呢。我可没闲着！我还要整理书桌。今天要做许多事情。总体来看，我今天干得不错。什么教材？"

5. **消极和积极影响**："啊，我现在感觉好多了。一切都很整洁。哦，等等。我还需要阅读教材，上课时间越来越近了……"

这是一个完整的循环：你还是没有阅读教材，你的假设并没有减弱。和开始时相比，你想要立即避免的不适更强了。于是，这个循环会继续下去。一旦陷入循环，你就很难克服那种使你无法完成任务的不断增长的惰性了。

让我们依次考察每个阶段。我们从最上面开始。此时，你没能开始一项任务，或者没能完成一项正在进行的任务。你知道你应该做这件事情，这样对你最有利。不过，你已经做出了打破自律的决定。那么，你会想些什么呢？

无益的观念或杜撰的规则

如果你感觉自己不想开始或完成某件事情，这不是因为简单的懒惰或者"我现在不想这样做"，而是因为这些感觉背后的信仰和观念。下面对这些无益的观念和杜撰的规则举几个例子。

"我的人生意义是追求快乐，享受生活。我不允许任何与此相冲突的事情发生。"我们都会在某个时候落入这一陷阱。当你持有这一观念时，你感觉人生苦短，不能为了看似无聊或困难的事情而错过有趣或快乐的事情。快乐是第一要务！至少，你相信眼前的短暂快乐比长期回报更重要。

这是"我现在不想这样做"的真正含义——你其实是在说，"我现在想做一些比这更快乐的事情"。

"我需要有甲乙丙才能开始工作。如果它们不在，我就有了不行动的理由。"有时，你只是无法鼓起行动的勇气。你可能感到疲惫、紧张、抑郁或气馁，将其作为不行动的理由。你需要"做好准备"。你需要有甲乙丙才能正常开始。你需要进入状态。所有这些所谓的条件都是你想象出来的，它们并不能反映现实。

"我可能做不好，所以我干脆不做了。"你可能陷入误区，认为你每次都必须把事情做到完美，否则就会被人贴上失败的标签。这是对于失败或拒绝的恐惧，而且与缺乏自信有关。你不想让其他人小看你。如何避免这些事情发生呢？只要不行动就好了。你既不开始，也不结束。你不会遇到失败或失望，因为你没有给别人判断的机会。

如果你感觉需要做一件违背信念的事情，那么你只有在绝对必要时才会这样做。这是人类行为的现实。另一个事实是，这些信念通常是下意识的。如果你需要做家务，但你拥有上述两个信念，即"快乐优先"和"我需要完美条件"，会发生什么呢？你会首先追求快乐，然后等待许多前提条件，家务活就会处于未完成状态。在循环接下来的部分，这种状态还会持续下去。

增长的不适

当你拖延时，你并不是完全不知道你需要做什么，因此你会产生紧张和不适的感觉。知道自己不务正业并不会让你感觉良好。

你会产生各种不适情绪：愤怒、厌倦、沮丧、疲惫、怨恨、焦虑、尴尬、恐惧和绝望。最终，我们会处于焦躁的状态，我们并不喜欢这种感受。我们需要做出某种改变。你可以这样想：你的头脑不想让你维持在心理不适的状态之中——这种状态就好像站在即将沉没的轮船上一样——因此它通过下面两个阶段做出应对，这是它所知道的唯一应对方式。

（此外，如果这种不适的来源与阅读教材存在某种关系，这意味着你会像躲避黑死病一样逃避看书。）

找借口

当你逃避责任时，找借口是让自己感觉良好的第一种方式。你知道你应该去做某件事情，但是你不想做。这是否意味着你只是懒惰、疲惫或者有权不行动？当然不是。

承认这些会加重你的不适和紧张感。所以，你编造借口，以维持自己的好人形象，甚至将自己描绘成当前局面下的受害者——至少不是坏人。这是一种安慰性的想法。怎样的借口会使你的不作为变得可以接受呢？

"我不想错过今晚那场派对。明天再说吧。"

"今晚太累了。我稍后再去研究那件事情。"

"当我有心情工作的时候，我可以更好地从事那个项目。"

"我缺乏完成这项工作的各项条件，所以我现在不能开始。"

"我完成另一项任务以后马上行动。"

如果你向其他人说出这些话，他们可能会挑一挑眉毛，说："真的吗……？"问题是，这些借口是你对自己说的。你可能在生活中经常使用这些借口，它们与现实之间的界线已经变得模糊。你无法分辨或判断真相，开始无意识地剥夺自己的力量。

当你忙于说服自己相信这些借口真实合理时，你在平稳地进入循环的下一阶段：回避活动。

回避

当你想要缓解不适，不想觉得自己很懒时，回避活动是你的终极法宝。你的心理活动可能是这样的："我不阅读教材的理由很充分，但是为什么我的自我感觉还是这么糟糕？我应该做点事情……"只有借口可能还不够，所以你觉得需要通过某种行动缓解不适和紧张。

于是你开始行动，但这并不是你一开始应该做的事情。回避活动通常有两种。首先，一些活动会使你忘记不自律或者违背信念和观念所导致的不适。眼不见，心不烦。当你去吃冰激凌或者去看新的超级英雄电影时，你的不适感就会消失。这种转移注意力的方法可以达到消除不适的效果。

其次，一些活动会使你感觉自己在其他方面很有成效。例如，如果你在家里工作，想要推迟一个项目，那么当你回避真正的任务时，你的浴室一定是最干净的。你可以做"更简单"或优先级较低的任务。在从事这些回避活动时，你可以说："我至少做了一些事情，我的时间没有完全浪费！"这种活动有一个恰当的名字，叫作"有成效的拖延"。

这些活动可以使你暂时感觉良好，但它们不会使你更加接近真正的目标，拖延循环也会变得更加难以打破。

消极和积极影响

回避是一门艺术。不过，对于责任的回避总会导致某种影响。在某个地方，某些东西正在从裂缝中掉下去。消极影响比较明显，包括增长的不适、愧疚、焦虑和耻辱。你知道你没有实现（或者采取步骤实现）目标，这只会使你感觉更加糟糕。

另一个消极影响是增长的负担。你的工作量可能会积累。除了最初的任务，你还要做更多的补偿工作。根据任务的性质，回避可能导致惩罚或损失。这种惩罚或损失可能是工作受挫、机会丧失或者无法实现目标。由于家务活没有完成，草坪里杂草疯长，并且开始出现一些危险的小型丛林动物。

其他消极影响与这个循环有关。由于无益或错误的观念和信念没有改变，你习惯于为自己找借口，你对心理不适的容忍度变得越来越低。这使循环变得更加难以打破。

任何积极影响都是虚幻的。通过坚持无益的观念，你可能会感觉良好。你可能会从拖延活动中获得一些乐趣。它们可能使你暂时感觉良好，这是其积极的一面，但它们最多只是暂时的。这就像是面对向你疾驶而来的卡车时闭上眼睛回避明亮的车灯一样——长期来看，你正走在失败的道路上。这是自暴自弃。

这两种影响都有助于循环的继续。消极影响使你继续回避某些任务，积极影响为你带来足够多的短期快乐，掩盖了事情的真相。它们会使你陷入不行动的怪圈之中。

你现在可以看到它是怎样成为恶性循环的。你越是坚持一个或多个无益的观念，你的不适感就越强。面对不适的增长，你开始找借口逃避。由于各种消极和积极影响，你越是逃避，你就越想要逃避。你会回到无益的观念上——此时，这些观念可能会得到强化。

遗憾的是，自我意识不是人类的强项。不过，对于这些拖延循环入口的承认和警惕可以帮助你取得成功。

学术耐力

　　学术耐力这一概念是我们克服自身学习障碍的第二个关键。

　　即使对于天资聪颖的人来说，学习也必然是艰难的，很难有令人瞩目的成就，至少，我们所追求的学习目标不会轻易实现。不过，许多人刚一遇到困难就放弃了努力。

　　面对学习挑战时不会轻易放弃的人拥有学习耐力。和智力类似，学习耐力不是一个人与生俱来的品质，而是一组可以学习和培养的技能和习惯，它可以使人勇于面对挑战，不停止学习的脚步。

　　信心是学术耐力的一个组成部分，它可以使我们克服恐惧和焦虑。在第一章，我们讨论了信心是如何解决动力不足问题的。如果你能拥有信心，你在面对学习困难时就会感觉自己很有力量。

　　悉尼大学和牛津大学的研究人员发现了学术耐力的五大

要素。这五大要素分别是镇静、信心、协调、投入和控制。它们不是学习独有的，但它们显然与学习有关。

你应该知道为什么它们可以克服学习障碍——大多数学习障碍与知识或信息本身无关。相反，大多数学习障碍与我们的心态有关。我们的信念和毅力是最终区分大多数学习者的因素。它们的影响远比这本书中介绍的一切技巧重要得多。这是否意味着有志者事竟成？是的——学习在很大程度上取决于你的态度，节省时间和使用技巧只是细枝末节而已。

镇静是管理和控制焦虑的能力。当学习者在学习中感到焦虑时，这通常是因为我们担心出丑。如果别人发现我们正在学习某种事物，想让我们展示自己的知识，但是我们又做不到，这该怎么办呢？这可怎么办才好呢？恐惧会令人失去力量。

当人们无法管理焦虑时，他们会被恐惧和紧张压垮。在最糟糕的情况下，忧虑会占据学习者的头脑，使其无法关注和理解新信息。好消息是，这些恐惧完全没有依据。

由于焦虑在很大程度上来自对于失败的恐惧，因此我们必须直接解决这个问题。当我们恐惧时，我们会想到最糟糕的场景。不管我们在哪方面"失败"，我们都会迎来世界末日。你之所以形成这种灾难化逻辑，是因为你忽略了现实后果，采用了极端的衡量标准。

解决办法是进行自我对话。负面情况的确可能发生，但你的许多思想是虚幻和非理性的。你应该考虑其他解释和结果。

如果你发现自己正在担忧，应该用乐观来应对这种忧虑。如果你由于犯错而自责，你应该提醒自己：这是学习的机会，你下次会做得更好。你可以用积极、鼓励、原谅和接纳的思想成功而真诚地应对一切负面思想。时间一长，你的大脑就会知道，这些反驳比负面恐惧思想更加有效。如果你存在焦虑问题，你应该坚持使用这种方法。你一定能战胜这个心魔。你可以获得你所需要的镇静，成为具有学术耐力的人。

信心是你有能力执行具体任务的信念，也叫自我效能感。

当我们缺乏信心时，我们相信自己无法完成目标。我们轻视自己，侮辱自己，贬低自己取得的任何进步。此时，我们常常会在向自己和他人证明失败之前过早放弃目标。问题是，放弃也是失败。证实这些关于自己的负面信念也不错。如果你能把疑虑放在一边，真正实现目标，那不是更好吗？

如果你想要增强信心，你可以使用两个主要技巧。第一个是我们在镇静一节已经提到的自我对话。当你觉得自己很失败，或者无法学会某个困难的科目时，你要告诉自己，你会坚持学习，只要付出时间和精力，你就会成功。只要不断反驳这些思想，它们就会逐渐消退。

第二种方法更加具体：设置目标。当我们完成任务时，我们自然会获得信心。当我们拥有一连串成功纪录时，我们会逐渐忘掉自己的疑虑。最快的方式是设置每天甚至每个小时的学习目标，然后不断实现这些目标。此时，你应该自我庆祝！每实现一个目标，你距离精通某项技能的最终目标就近了一步。此外，你实现的每个目标都可以证明，你拥有实现个人目标的能力和毅力。这意味着你的信心是真实有效的。

协调是有效规划和管理时间的能力。当人们无法做到这一点时，他们常常会陷入计划谬误之中。计划谬误指的是人们不善于确定完成任务需要花费多长时间。通常，我们所估计的完成时间比实际完成时间要短。更糟糕的是，当我们觉得一些事情不需要花费太多时间时，我们常常会推迟这些任务，因为我们感觉自己有足够的时间将其完成。这通常是错误的。最后，我们常常无法按时完成工作任务。

我们可以采取一些措施，消除这一问题。减少工作区域的分心事物是一个很好的着手点。关掉电话，关上房门，告诉朋友和家人你很忙，不能受到打扰。当你接到新的工作任务或者找到新的学习科目时，你应该及早做到这一点。推迟会导致延误，而立即着手可以把你的所有时间利用起来。最后，最好先去处理最耗时、最困难的任务。将其留到最后会导致虚假的安全感，可能使你无法按时完成任务。相反，如果先去处理这种任务，你就可以更好地面对接下来的任务，也可以及早收工。

投入也叫毅力，是热情和坚持的结合。你可以培养这两种品质，以帮助你实现目标。学习一天或一个星期很容易，但培养新习惯的努力常常会失败。随着时间的推移，我们会慵懒地缩在沙发里，观看电影或电视节目，不再努力提高自己。我们维持在同样的生活境遇里，浪费了宝贵的时间。实际上，我们可以利用这些时间提高自己，改善生活境遇。

和前面两节类似，自我对话是支撑投入的一种有效工具。你可以劝自己行动起来，做出坚持到底的保证。你也可以让别人在你热情消退时以类似的方式支持和鼓励你，加强你的个人责任感，让你在失去动力时继续前进。

最后，你应该理解你为什么要做出这样的牺牲和投入。如果不知道我们的收益或者可以避免的痛苦，我们有时会失去动力。这些知识可以帮助你实现哪些梦想？当你掌握了这种技能时，你可以解决哪些困难？记住，你在为更重要的事情而努力，不应该被眼前暂时的不适左右。

　　最后是**控制**。我们需要拥有对于个人命运的控制感。这包含许多方面。首先，我们需要感觉到，我们有能力实现我们想要的学习结果。如果缺少这种感觉，我们就会觉得我们只是在为了学习而学习，永远无法接近最终目标。前面一章提到了这一点，但天赋是不存在的。好吧，天赋的确存在，但它不会真正影响 90% 的普通人。你要知道，只要努力，你就可以实现你想要的结果，而奋斗是这一过程不可缺少的组成部分。不适应该是你的预期，而不是意外。

　　其次，我们应该感觉到自己是学习过程的主宰者。当我们拥有对于工作的控制感时，我们会有个人责任感和主人翁意识，它会促使我们竭尽全力，在面对挫折时奋勇前进。当我们没有这种感觉时，工作和学习似乎是徒劳的，就像是在浪费时间一样。我们只是感觉自己在遵照指示行动，这会使情况变得雪上加霜。

　　解决办法是主动弄清你的目标，并以此确定每天的工作。把命运掌握在自己手中，创建自己的计划。你总是可以在二者之间做出选择：要么依从于他人的预期、目标和计划，要么创建属于自己的个性化方案。

学习本身不是一项困难的任务。不过，缺少这些学术耐力中的任何一项都会使你走向失败。有效学习的先决条件比策略本身还要重要。

你也许应该将学术耐力看成一种适应力，即适应紧张局面的能力。更具适应力的人可以逆来顺受，适应逆境，不会受到持续困扰。适应力不强的人面对或大或小的压力和生活变化时要困难一些。研究发现，更容易应对轻微压力的人同样可以更加轻松地处理重大危机，因此适应力对于日常生活和罕见的重大灾难都是有益的。

心理学家苏珊·科巴萨（Susan Kobasa）提到了适应力的三个要素：（1）将困难看作挑战；（2）不顾一切努力实现目标；（3）将努力甚至关切限制在可以控制的因素上。

另一位心理学家马丁·塞利格曼（Martin Seligman）提到了适应力的三种不同要素：（1）将负面事件看作暂时和

受限的；（2）不让负面事件左右自己和自己的视角；（3）不因为负面事件而过度责备或贬低自己。他的主要观点是将负面事件作为短暂现象忽略掉，而不是将其看作对于个人缺点的反映。

这 6 种适应力因素显然可以帮助我们实现预想的学习目标。简单地说，你需要从失败中走出来。失败是生活的一部分，我们在失败后的反应决定了我们的性格，并且最终决定了人生。

有建设性的失败

在大多数情况下，我们将成就等同于成功，包括获胜、取得积极结果和找到解决方案。不过，在学习中，失败是成功的一个重要组成部分。

有成效的失败是新加坡国立教育学院研究员马努·卡普尔（Manu Kapur）提出的概念。这种理念基于一个学习悖论：没有实现理想结果和实现这一结果同样有价值，甚至价值更大。这不是情绪影响，而是神经影响。

卡普尔认为，目前公认的知识传授模式——首先向学生提供结构和指导，然后持续提供支持，直到学生掌握知识——可能不是促进学习的最佳途径。在卡普尔看来，虽然这种模式符合直觉，但是让学生在没有外部帮助的情况下自行摸索是最好的选择。

卡普尔对两组学生进行了一项试验。在一个小组里，学生需要面对一组问题，教师可以在现场提供充分的指导和支持。第二个小组需要面对同样的问题，但是无法获得教师的任何帮助。这组学生需要相互合作，寻找解决方案。

得到支持的小组可以正确解决问题，而没有获得指导的小组无法正确解决问题。不过，由于没有教学指导，第二个小组不得不通过合作更加深入地探索问题。他们形成了关于问题性质的思想，对于解决方案进行了推测。他们试图理解问题的根源，思考哪些方法可以将其解决。他们研究了许多解决方案、策略和角度，最终形成了对于问题的立体理解。

接着，研究人员就两个小组刚刚学习的内容对他们进行了测试，结果很明显。没有教师支持的小组在测试中的表现明显优于另一组。没有解决问题的小组发现了卡普尔所说的失败的"隐性功效"：通过集体研究和思考，他们对于问题的结构获得了更加深刻的理解。

第二小组虽然没有解决问题，但他们对于这些问题学到了更多东西。当这些学生在另一次测试中遇到新问题时，和被动接受教师指导的学生相比，他们可以更有效地对于他们通过试验获得的知识加以运用。

因此，卡普尔认为，第二小组的重点在于他们的失误、错误和摸索。当这个小组主动进行独立学习时，他们获得了解决未来问题所需要的更多知识。

卡普尔认为，三个条件可以使有成效的失败成为一种有效过程：

- 选择"具有挑战性但不会使人受挫"的问题。
- 让学习者有机会解释和阐述自己的解决过程。

- 允许学习者对于好坏解决方案进行比较和对比。

与困难做斗争是学习的有利条件，但它需要自律和延迟享乐意识。这与我们的本能相违背。那么，如何让失败为我们所用呢？

你在前进过程中可能会遇到一两次挫折，同时会产生放弃的想法。你甚至可能在开始之前感受到这一点，这会使你在工作中伴随着严重的焦虑。

做好受挫的心理准备，但是不要屈服于挫折。

提前预测到挫折是一种良好的计划 —— 但是你也需要做好应对计划。想好当挫折发生时如何缓解 —— 大多数情况下，你需要暂停一下，恢复精力，暂时远离问题。通常，只要暂停一下，你就会恢复客观视角，更加清晰地看到问题的症结。至少，这种暂停可以缓解你最直接的焦虑，使你有机会用更加放松的心态去处理问题。

重要的是适应不适和混乱的心理状态。这类似于杂耍时连续将 10 个球抛向空中，不知道什么时候才能把它们放下来。

学习模式和结果模式不同，具有完全不同的成功衡量标准。在学习时，你只是想增长知识——任何知识的增长都是成功的学习。应该重构你的预期，将学习看作和结果同样重要——甚至更加重要——的事情。

事实和日期等明确的静态知识不一定也不需要适用于此。不过，你不可能将深刻的多层次理解直接塞进大脑里。它必须得到操作和应用，而失败是这一过程不可或缺的一部分。在某种程度上说，失败和前面一章讨论的提问存在相似之处。当你知道什么不行和什么不成立时，你可以获得立体的知识和理解。

归根结底，失败可以作为你后续行动的蓝图。它是没有达到预期的试验，可以使你未来针对指定问题进行修正。

例如，假设你在花园里种蔬菜，并且非常留意你所使用的步骤和技术。到了收获时，一些植物的收成没有达到预期。这是因为你使用了错误的土壤吗？你可以查找资料，研究土壤有什么问题，弄清正确的土壤是什么样的。这些植物是因为距离太近而没有长好吗？你可以学习在狭小空间里实现良好布局的技巧。

隐藏在所有这些事情背后的事实是，即使是在学习中，主动追求成功和学会避免失败这两种做法也会导致完全不同的结果。一种做法希望减少风险和挫折，另一种只关注最终目标而不考虑代价。你不需要将失败当成朋友，但它会成为你偶尔的伙伴，不管你是否愿意。记住这一点，你也许就会明白，你应该选择更加冒险的做法。

从失败中得到灵感

此外，失败还可以从另一个角度帮助你实现学习目标。

教师学院教授晓东·林－西格勒（Xiaodong Lin-Siegler,

音译）在研究中发现，了解重要历史人物和科学先驱的失败经历和奋斗经历对于学生的成功具有重要作用，但它常常被忽视。这些经历可以提供更加准确的视角，使学生获得现实的预期，知道每个人在人生中都经历过失败。

教科书和学习资料常常只提及名人的成功，使读者和观众认为这些人是难以超越的伟人。这种观念是有害的，因为它将我们的预期设置到了不现实的高度。如果你只阅读成功故事，你又怎么能面对失败呢？如果每个成功者都没有遭遇过重大挫折，那么当你遭遇挫折时，你又该怎么办呢？书里面没写，这意味着你不知道如何取得成功。

包括完成壮举的人在内，大多数人在开始人生之路时并不认为自己的发现、发明和策略将会改变世界。包括伟人在内，大多数人只是在努力过好每一天——不管他们是否拥有宏伟的计划。他们的每时每刻都必须以人类的方式生活，包括为未来计划和工作的时刻。当人们登上高峰时，他们总会在身后留下一连串挫折和失败。通常，他们的成功越伟大，失败的次数就越多。不过，我们的书籍和视频常常没有提到这一点，这给人们留下了相反的印象。

"当孩子们只把爱因斯坦看成天才时，他们就会觉得自己永远无法达到他的高度，"林－西格勒说，"许多孩子不知道，所有的成功都需要经过漫长的道路，路上会遇到许多失败。"

在林－西格勒的研究中，学生需要阅读不同版本的科学家生平。一个小组阅读的是对于科学家成就的传统教科书式描述。另一个小组阅读的是关于他们个人和学术挫折的故事。例如，爱因斯坦不得不逃离纳粹德国，居里夫人在做出有价值的发现之前进行了数十次失败的实验。

第二个小组的学生更容易相信，这些面对并战胜挫折的天才只是和他们类似的普通人，而第一个小组的学生则将科学家的成功归因于他们独特的天赋，并且觉得自己无法复制他们的成就。

当学生相信成功的科学家 —— 所谓的天才 —— 是和他们

一样的普通人，但他们不断超越失败和挫折并最终取得成功时，这些学生在期末考试中取得了更好的成绩。通过了解伟人的挫折和失败，这些学生知道，他们自己的挫折和失败可以成为成功道路上的垫脚石。

相比之下，不了解成功者失败和挫折经历的学生往往认为他们的挫折体现了自身的愚蠢。他们相信，由于他们现在还不像英雄们那样成功，因此他们永远不会像英雄们那样成功，因为他们永远没有想过，伟人在成功之路上也会遇到挫折和失败。

这里的重要教训是，每个人都是凡人，每个人都会失败。就连做出壮举的伟大天才也会失败。最成功的人是失败次数和失败频率最高的人，而不是最聪明或最有天赋的人。成功者和失败者之间的唯一差别在于，前者在陷入困境之时依然不断努力拼搏。

如果将人生看成一场数字游戏，你就会立即看清接纳失败的价值。例如，要想成功 5 次，你可能必须要尝试 100 次，其中 50 次会倒在第一圈，另外 25 次会倒在第二圈，另外 10 次会倒在第三圈，另外 5 次会倒在第四圈，另外 5 次会倒在终点前面。失败具有统计必然性。

你可能不想做开拓者、伟大的科学家或者极为成功的商人。你可能只想学习新的爱好或者在工作上表现得更好。不管你的目标是什么，你都应该记住，失败并不意味着你的智力或能力不足以取得成功。它仅仅意味着你需要像之前的所有成功者那样继续努力。

如果你一定要比较，不要和教科书里树立的典型相比较。你只需要和过去的自己进行比较，因为这是唯一重要的衡量标准。

画重点

- 学习在大多数时候可能很简单，但它通常并不轻松。我们常常需要从零开始，经历相关的成长阵痛。我们也许不能很快实现顿悟，甚至不能很快获得基本的理解。我们遇到的大多数障碍来自我们自身。而这一切的前提是，我们首先要离开沙发，阅读教材，按时上课！

- 我们总是需要面对的第一个障碍是拖延和缺乏自律。毕竟，谁愿意参与不适而困难的事情呢？我们必须打破具有自我持续性的拖延心理循环，而不是每天积攒巨大的意志力。这个循环是：无益的观念或杜撰的规则，增长的不适，降低心理不适的拖延借口，降低心理不适的回避活动，消极和积极影响。应该对循环进行分析，看看你处在哪个阶段，然后打破这个循环。

- 克服自身障碍的第二步是理解如何更具学术耐力。学术耐力涉及五个特征，它们可以使你坚持学习，而不是中途放弃。这些特征包括镇静、信心、协调、投入和控制。你可以把学术耐力看成一种适应力，即适应紧张局面的能力。

- 接下来是失败。失败是不可避免的。它具有统计必然性。不过，失败其实是成功的蓝图。"有成效的失败"

这一概念特别适用于学习。和直接得到答案相比，对于概念或理论的探索可以带来更好的整体理解。应该对挫折做好心理准备，但是不要屈服于挫折，因为长期来看，你会取得更好的结果。它也许不会使你感觉更好，但它会使你学得更好。

- 最后，我们可能需要调整关于成功和学习的预期。一些关于名人的宣传严重歪曲了我们对于成功之路的看法。研究显示，对于著名成功者失败和挫折的探索可以大大加强学生的毅力。从某种意义上说，成功是一种数字游戏，只有尝试足够多的次数（并且经历相应的失败），你才有机会获得成功。

学习的经营法

The Self-Learning Blueprint

总　结

第一章：自主学习计划

当你去除关于自学的所有错误观念时，实现目标的先决条件通常也会大大减少。此时，自学过程看上去会变得非常简单。

常见的错误观念包括：天赋决定了你的潜能，某些学习风格是不可缺少的，某些动机很重要，学习进度是由学习时间预先决定的。这些观念是有害的，它们会让你觉得你无法实现目标。

除了学习意愿和一点自律，学习并没有真正的限制条件。制订宏观和微观计划可以很好地考验你的意愿和自律。宏观计划与你投入时间学习某件事情的理由有关，微观计划与你

每天应该参与的实际活动有关。前者可以确保你最终实现的
是你想要的目标，后者可以确保你最终实现这个目标。

第二章：自主学习的四大支柱

　　我们在第一章提到，有效的自学没有真正的限制条件。
这消除了关于学习和大脑运转的大多数流言，这是好事。唯
一真正需要的是一项计划，用于确保你正在朝着学习目标前
进并且能够实现这些目标。

　　本章介绍了微观计划的四个元素——也就是我们除了读
书、听课和看视频以外真正需要做的事情。我们与信息的交
互就是学习本身，我们必须关注学习方法。

　　微观计划的第一个元素是将信息转化成我们熟悉的事情。
这是另一种非常主动的信息交互方式。大多数人通过潜移默
化的方式被动吸收信息，但这效率很低。当我们用自己的语
言表述信息和概念时，我们会以不同方式处理它们，即使这
只是一种重复。为此，我们可以用"彼得四步法"记笔记

（正常做注释，总结注释并提问，将信息与大主题相联系，然后重新总结，以便将上下文考虑进去），或者用结构化分析方法记笔记。涂鸦和绘画对于增进理解同样具有明显效果，而且与思维导图关系密切。最后，我们提出了一个指导原则：在学习时，我们应该用不到 50% 的时间摄取信息，并用更多的时间处理和分析新信息。

微观计划的第二个元素是将新信息和新概念与我们已经熟悉的信息和概念相结合。这个步骤可能不是很自然，但你可以使用类比思维，用你已经掌握的信息创建具体实例，以增进理解。这两种方法需要你在概念上更加深刻地理解你所学习的知识。而且，它们可能会揭示更充分的知识层次。当你能够对新信息进行类比和举例时，这说明你已经掌握了新信息。

第三个元素是自我测试，从头脑中提取信息，而不是将信息塞进大脑。这可能违反直觉，但是我们参与的迷你测试越多，我们的记忆和学习效果就越好。这种方法被称为检索实践，因为你需要检索信息。虽然检索实践主要是通过抽认卡片实现的，但是我们必须知道，检索实践的关键是采取主动。我们越努力，我们的学习和记忆就越深刻。当你强迫自己学习时，你就会学有所成。这里没有捷径可言。

微观计划的第四个元素是节约脑力和体力。大脑像肌肉一样，不可能夜以继日地良好运转。避免过劳的关键技巧之一是间隔重复，它要求你关注学习频率而不是持续时间。事实证明，它比其他大多数常规学习计划更加有效。实际上，当我们试图为自己提供吸收间隔时，我们需要留意三个因素：强度、频率和持续时间。我们最多只能一次关注两个因素。所以，一定要做好安排，不要失败和过劳。

第三章：学习策略

在理解了将信息有效地装入头脑的 4 个重点之后，我们可以用一些策略来支持它们。

我们必须管理自己的专注时间和总体精力水平。头脑也与肌肉类似，有时不太强壮，或者弹性不太好。我们很容易疲惫和走神。我们必须考虑到这一点并进行相应的规划，比如使用间隔重复技巧。最有效的方法之一是使用番茄技巧，即工作 25 分钟之后休息 5 分钟。最好将这种模式重复四次。如果你适应了这种安排，你可以改成工作 50 分钟后休息 10 分钟，甚至可以使用 60-60-30 方法，即工作 50 分钟，休息 10 分钟，工作 50 分钟，休息 40 分钟。

记忆和学习依赖于背景。这意味着我们的物理环境和场所也会成为记忆的一部分——毕竟，对于头脑来说，来自教材的知识信息和来自面包店的味道信息没有区别。我们应该利用这一点，在学习和记忆时改变场所。你可以将其看作创建更多钩子，以便将信息挂在大脑里的过程。

构建生动画面有助于记忆。我们不善于记忆无聊的事情。相反，我们擅长记忆生动鲜明的事物。所以，在学习和记忆过程中，你应该试着为无聊的信息想象出生动的画面。你甚至可以绘画或涂鸦。我们还应该利用这种策略编故事，以帮助记忆。我们的头脑有 30% 专门用于处理视觉画面，所以这种方法才会如此有效。

最后，你应该成为提问专家。信息和理解不会自动降临在你身上。你通常需要将其掌握在自己手中。提问可以将平面信息转化成与整个世界互动的生动的三维知识。这适用于一切事实和信息，我们常常忽略它们背后的故事。提问意味着发现某一主题中你所不知道的事情，承认你的理解可能完全是错误的。只有当你理解信息的过程和背景时，你才能实现有意义的学习。

你可以采用苏格拉底式提问法，它包含 6 种问题，可以使你更加详细地审视自己的假设和隐性动机。你也可以参考布卢姆分类法提问，这有助于信息分析和评估。

第四章：应对障碍和失败

学习在大多数时候可能很简单，但它通常并不轻松。我们常常需要从零开始，经历相关的成长阵痛。我们也许不能很快实现顿悟，甚至不能很快获得基本的理解。我们遇到的大多数障碍来自我们自身。而这一切的前提是，我们首先要离开沙发，阅读教材，按时上课！

我们总是需要面对的第一个障碍是拖延和缺乏自律。毕竟，谁愿意参与不适而困难的事情呢？我们必须打破具有自我持续性的拖延心理循环，而不是每天积攒巨大的意志力。这个循环是：无益的观念或杜撰的规则，增长的不适，降低心理不适的拖延借口，降低心理不适的回避活动，消极和积极影响。应该对循环进行分析，看看你处在哪个阶段，然后打破这个循环。

克服自身障碍的第二步是理解如何更具学术耐力。学术耐力涉及五个特征，它们可以使你坚持学习，而不是中途放弃。这些特征包括镇静、信心、协调、投入和控制。你可以把学术耐力看成一种适应力，即适应紧张局面的能力。

接下来是失败。失败是不可避免的。它具有统计必然性。不过，失败其实是成功的蓝图。"有成效的失败"这一概念特别适用于学习。和直接得到答案相比，对于概念或理论的探索可以带来更好的整体理解。应该对挫折做好心理准备，但是不要屈服于挫折，因为长期来看，你会取得更好的结果。它也许不会使你感觉更好，但它会使你学得更好。

　　最后，我们可能需要调整关于成功和学习的预期。一些关于名人的宣传严重歪曲了我们对于成功之路的看法。研究显示，对于著名成功者失败和挫折的探索可以大大加强学生的毅力。从某种意义上说，成功是一种数字游戏，只有尝试足够多的次数（并且经历相应的失败），你才有机会获得成功。

图书在版编目（CIP）数据

学习的经营法：受用一生的自主学习规划指南 /
（英）彼得·霍林斯著；独孤轻云译 . -- 北京：九州出
版社 , 2022.11

ISBN 978-7-5225-1087-3

Ⅰ . ①学… Ⅱ . ①彼… ②独… Ⅲ . ①学习方法
Ⅳ . ① G442

中国版本图书馆 CIP 数据核字 (2022) 第 140829 号

Copyright © 2019 by PKCS Media, Inc..
Simplified Chinese translation rights arranged with PKCS Media,lnc.through TLL Literary
Agency.

著作权合同登记号：图字：01-2022-4061

学习的经营法：受用一生的自主学习规划指南

作　　者	〔英〕彼得·霍林斯　著　　独孤轻云　译
责任编辑	王　佶　周　春
出版发行	九州出版社
地　　址	北京市西城区阜外大街甲 35 号（100037）
发行电话	（010）68992190/3/5/6
网　　址	www.jiuzhoupress.com
印　　刷	天津中印联印务有限公司
开　　本	889 毫米 × 1194 毫米　　　32 开
印　　张	5.75
字　　数	83 千字
版　　次	2022 年 11 月第 1 版
印　　次	2023 年 2 月第 1 次印刷
书　　号	ISBN 978-7-5225-1087-3
定　　价	49.80 元